마흔 이후 인생의 전환점에 만나는 AI

챗GPT 활용 가이드북

최창희 지음

참출판사

최창희

14년 차 기자 출신의 콘텐츠 마케터로, 개인과 기업 안에 숨겨진 스토리를 발굴하고 콘텐츠로 만드는 일을 하고 있다. 온라인·SNS 마케팅 글쓰기, 스토리텔링 글쓰기, 전자책 출판 등에 대한 강의와 코칭을 진행하는 스토리위너컴퍼니 대표로, 7주 만에 전자책 작가 되기 프로젝트 '위너책쓰기' 클래스를 진행하며 현재까지 80여 명의 작가를 배출했다. 펴낸 책으로 <혼자 일하며 연봉 10억 버는 사람들의 비밀> <삶의 가치를 높이는 저녁 시간 레시피 4가지>가 있다.

brunch.co.kr/@skychang44

skychang44@gmail.com

책을 시작하며

왜 마흔 이후 ChatGPT인가?

ChatGPT 열풍이 한창입니다. ChatGPT가 대중적으로 출시되기 전부터도 글이나 그림 음악 영상 등을 만드는 생성형 AI는 뜨거운 이슈였습니다. 이 흐름을 지켜만 보다가 ChatGPT가 화제가 된 이후에야 본격적으로 관심을 갖기 시작했습니다. 직접 사용해보면서 업무에 적용할 수 있는 부분은 더 적극적으로 활용해봐야겠다는 결심을 하게 되었습니다.

ChatGPT의 활용 범위는 생각보다 넓었습니다. 광고 카피를 작성할 때 아이디어를 얻고 싶어 물어보면 생각지 못한 컨셉을 이야기해줘서 도움이 될 때가 많았고, 보도자료 초안도 작성해줬고, 엑셀을 다루다 막히는 함수에 관해서 물었을 때도 1초 만에 함수를 제시해주었습니다. 심지어는 감성 돋는 노래 가사도 만들어줬습니다.

IT 업계에서 일하는 지인에게 물어보니 코딩을 짜달라고 하면 바로 코딩을 짜주고, 코딩의 잘못된 부분까지도 순식간에 알려준다고도 했습니다. 개발자들이 몇 시간은 걸려야 발견할 문제를 1초도 안 되는 시간에 발견했다고 했습니다.

마흔 이후의 삶에 대해 40대 초반부터 관심을 가져왔던 저는 자연스럽게 '마흔 이후의 삶'과 연관 짓게 되었습니다.

40대를 기점으로 많은 것이 달라지는 것을 보게 됩니다. 부지런히 앞만 보고 달려오다 문득 인생의 의미를 생각해보게 되고, 언제까지 회사에 다닐 수 있을지 등 앞으로의 진로에 대해서도 더 고민하게 됩니다. 아이들이 성장하며 자녀와 겪는 변화도 크게 느끼게 되고, 몸이 예전 같지 않다는 생각이 들며, 삶에 대한 불안이나 두려움도 더 크게 올라오기도 합니다.

막 마흔에 진입한 후배들로부터 '이제 어떻게 살아야 할지 고민이다'라는 말을 많이 듣습니다. 또 제가 열고 있는 책 쓰기 프로그램이나 강의를 통해 만나는 분들 중에도 '마흔을 기점으로 새로운 무언가를 시작하고 싶은데 막막하다'는 이야기를 하는 분들도 있습니다.

저 역시 마흔쯤에 가졌던 고민입니다.

인생의 전환점이라 할 수 있는 이 시기에 ChatGPT 같은 AI 도구들을 자유자재로 활용하는 법을 익힌다면 어떨까? 분명히 일의 효율성뿐 아니라 삶의 질을 보다 더 높일 수 있는 무기 하나를 얻게 되겠구나 싶었습니다.

ChatGPT를 일상에서 쓰는 사람 vs 안 쓰는 사람

ChatGPT를 처음 써보고 잠시 당황스럽기도 했습니다. 아니, 내가 몇 시간 동안 공을 들여야 쓰는 글을 1분도 안 되는 시간에 쓴다고? 그럼

앞으로 나의 일은 어떻게 될까? 나의 일도 AI에 의해서 대체되지 않을까? 하는 우려가 들기도 했습니다. 하지만 막상 계속 써보니 당장은 기우겠다 싶었습니다. 아직은 사람이 어떻게 운용하느냐가 가장 중요하다고 느꼈기 때문입니다.

질문에 따라 ChatGPT의 대답은 크게 달라졌습니다. 추상적으로 물으면 추상적인 답변이 돌아왔고, 구체적으로 물을수록 구체적인 답변을 해줬습니다. 아무리 ChatGPT가 방대한 지식과 기능을 가졌다 하더라도, 사람이 사용할지 모른다면 좋은 결과물을 만들 수 없다는 거지요. <챗GPT에게 묻는 인류의 미래> 저자인 카이스트 김대식 교수는 이렇게 이야기합니다.[1]

"아직까지는 챗GPT 때문에 작가, 교수, 기자, 변호사 등의 직업이 없어질 것 같진 않습니다. 다만 챗GPT를 잘 사용하는 기자, 작가 때문에 챗GPT를 사용하지 않는 기자, 작가는 사라질 수도 있을 것입니다. 왜냐하면 생산성이 늘어나기 때문입니다. 하루에 기사를 이제 몇십 개를 쓸 수 있으니까요."

1 유튜브 채널 동아시아유니버스. 카이스트 김대식 교수 | (2부) "챗GPT는 더 강력한 인공지능의 티저" 처음 듣는 챗GPT 이야기

보도자료를 써주는 기능, 주제를 말하면 알아서 글을 써주는 기능, 글을 쓰다가 막힐 때 이어쓰기를 해주는 기능, 문서 요약하기를 해주는 기능, 설문조사를 만들어주는 기능, 다이어트 식단을 칼로리까지 계산해서 짜주는 기능, 직접 말을 주고받으며 외국어 회화 연습을 할 수 있는 기능, 엑셀이 막힐 때 함수를 알려주는 기능…….

ChatGPT를 활용해보니 상황과 맥락에 따라 무궁무진하게 변형하여 사용이 가능했습니다.

이 활용법을 아느냐 모르냐는, 이후의 삶을 크게 갈라놓을 것입니다.

이 책에서는 40대 이후, 인생의 전환점을 맞이하고 있는 4050세대가 삶에서 활용하면 좋을 ChatGPT의 기능과 다양한 활용 예시를 담았습니다. 꼭 4050세대뿐 아니라, ChatGPT를 활용해 인생의 유의미한 변화를 만들고 싶은 분들께도 도움이 될 수 있게 구성했습니다.

1장에서는 ChatGPT 기술의 개요와 ChatGPT를 어떻게 시작할 수 있는지, 더 잘 사용하기 위한 방법과 사용 시 주의사항에 관해 이야기했습니다.

2장부터 6장까지는 제2의 진로 탐색, 업무 효율성, 건강관리, 자기계발, 자녀교육, SNS 글쓰기, 은퇴 계획 등 40대 이후에 특히 고민하거나 관심 갖게 되는 주제들에 대해서 자세히 서술했습니다. ChatGPT

활용법뿐 아니라 동시에 마흔 이후의 삶을 만들어가는 데 직접적인 도움이 될 수 있는 질문과 답변 사례로 구성하여 이미 사용해본 분들이라도, 내용을 보면서 적용하다 보면 생각을 확장하는 데 도움이 될 것입니다.

ChatGPT 출시 이후 구글은 2023년 3월 21일(현지 시각) 대화형 AI 바드(Bard)를 미국과 영국에서 일부 이용자를 대상으로 선을 보였습니다. 메타(구 페이스북), 네이버, 카카오 등도 비슷한 서비스를 내놓을 준비를 하고 있습니다. 바야흐로 AI 챗봇 춘추전국시대가 펼쳐질 것으로 예상되고 AI 챗봇은 우리 일상에 자연스럽게 스며들게 될 것입니다. 이러한 때 AI 챗봇 서비스를 일상이나 업무에서 잘 활용하는 사람과 그렇지 않은 사람의 격차도 점점 크게 벌어질 것으로 보입니다.

앞으로 ChatGPT보다 더 강력한 AI 서비스가 나올 수도 있습니다. 하지만 현재까지 나온 AI 언어 모델 중 가장 뛰어나다고 인정받는 ChatGPT를 다방면으로 활용하는 방법을 익힌다면 다른 AI 서비스에도 더 빠르게 적응할 수 있을 것입니다. 나이가 들수록 시대에 뒤처지는 것이 아니라, 시대를 앞서가며 먼저 준비할 수 있는 삶. 그 삶을 향해 ChatGPT와 함께 출발해 봅시다.

[일러두기]

1. 챗GPT(ChatGPT)는 초거대 언어모델 GPT-3.5에 기반한 대화형 인공지능 챗봇입니다. 책의 제목에서는 챗GPT라는 용어를 사용했고 본문에서는 ChatGPT로 표기했습니다.

2. 2023년 3월 14일(현지 시각) ChatGPT 개발사 오픈AI는 GPT-3.5보다 업그레이드된 GPT-4.0 모델을 공개했는데 이 책에는 GPT-4.0을 활용해 받은 답변도 담겨 있습니다. 다만, 이 책의 취지가 활용법을 설명하는 것이고, GPT-3.5 버전에서도 충분히 사용할 수 있는 것들이라 따로 GPT-4.0의 답변이라고 명시하지는 않았습니다.

3. 이 책에 실린 ChatGPT와의 대화는 2023년 2월부터 4월까지 진행한 것입니다. 계속 수정과 개선이 이루어지고 있어, 이후 대답은 달라질 수 있습니다.

4. AI 도구들에 입력하는 질문, 지시어를 프롬프트(prompt)라고 하며, 이 책에서는 '질문'이라고 표시했습니다. 또한 프롬프트 입력 시 보통 '~해줘' 식의 평어체를 사용하나, 이 책에서는 인간이 사용하는 데이터를 통해 AI가 존중의 언어를 학습하기를 바라는 마음으로 존대어를 사용했습니다.

5. 2장부터 글 말미에 나오는 명언은 ChatGPT가 찾아준 내용 중에서 적절한 것을 골라 실었습니다. 따로 ChatGPT라는 출처를 밝히지는 않았습니다.

목차

3장
내 삶의 교육 파트너가 되어줘

4장
마흔 이후 글쓰기 멘토가 필요해

5장
노화 NO! 내 곁의 건강 트레이너

6장
5060세대 은퇴와 노후 준비 컨설턴트

1

ChatGPT 쉽게 시작하기

1.1 ChatGPT 기술 개요와 AI 챗봇 시장의 흐름

ChatGPT란 무엇인가. 화제 속에 화려하게 등장한 ChatGPT는 오픈AI(OpenAI)가 자연어 처리 인공지능(AI) 모델 GPT-3.5를 기반으로 제작한 대화형 챗봇 서비스이다. 오픈AI는 2022년 11월 30일 ChatGPT의 베타 버전을 공개했다.

오픈AI는 2015년 12월 설립된 인공지능 연구소로 마이크로소프트가 오픈AI와 파트너십을 맺고 투자를 해오고 있다. 마이크로소프트는 2019년 10억 달러(약 1조 2,350억 원)를 투자해 오픈AI가 개발한 기술을 자사의 검색엔진 빙(Bing) 등에 적용하고 상용화를 위한 우선권을 확보하게 됐고, 2021년 투자에 이어, 2023년 1월 23일(현지 시각)에는 "오픈AI에 앞으로 수년간 수십 억 달러를 투자하기로 계약했다"고 밝혔다. 구체적인 투자 규모는 공개하지 않았지만, 시장에선 투자금이 100억 달러(약 12조 3,500억 원)에 달할 것으로 예측하고 있다.[1]

ChatGPT는 생성AI(Generative AI)의 대표적 모델인 GPT (Generative Pre-trained Transformer) 기술을 기반으로 한다. GPT

1 머니투데이. "구글, 한판 붙자"…마이크로소프트, 오픈AI에 12조 원 투자 베팅. 2023.01.24.

의 뜻을 간단히 설명하면 다음과 같다.

Generative(생성적인)

GPT는 생성 모델(Generative Model)로 분류된다. 입력된 정보를 바탕으로 새로운 정보를 생성하는 능력을 갖추고 있다는 의미이다. GPT는 이러한 능력을 활용하여 자연어 생성과 같은 작업을 수행하게 된다.

Pre-trained(사전 학습된)

GPT는 대규모 텍스트 데이터를 기반으로 사전 학습된 모델이다. ChatGPT는 웹 페이지, 뉴스 기사, 책, 블로그, 위키 등 대규모 데이터셋을 통해 다양한 언어 패턴, 문맥, 단어 의미 및 관련성을 학습했다. 그 결과 사용자의 질문에 대해 관련된 답변을 생성하거나, 주어진 텍스트와 단어를 자연스러운 문장으로 작서하는 자연어 처리 작업을 수행할 수 있게 된다.

Transformer(변환기)

GPT는 자연어 처리 분야에서 가장 높은 성능을 보여주는 딥 러닝 모델 중 하나인 Transformer 아키텍처를 기반으로 한다.

이 내용을 ChatGPT에게 쉽게 비유를 들어 설명해 달라고 했더니 이렇게 설명을 해주었다.

GPT를 마치 '이야기 전문가 로봇'이라고 상상해보세요. 이 로봇은 수많은 책을 읽고 듣고 배운 뒤, 이야기를 잘 만들어낼 수 있게 됩니다.

1. Generative (생성) - 이 로봇은 새로운 이야기를 만들어낼 수 있습니다. 주어진 상황에 맞게 재미있고 흥미로운 이야기를 창작해냅니다.
2. Pre-trained (사전 훈련된) - 로봇은 이미 수많은 책을 읽고 이야기를 들어서 많은 것을 배웠습니다. 즉, 다양한 주제와 상황에 관해 이야기할 수 있는 능력을 갖추고 있습니다.
3. Transformer (변환기) - 이 로봇은 특별한 방법을 사용해 이야기를 만듭니다. 이 방법을 통해 로봇은 빠르게 정확한 단어를 선택하고, 다양한 문장을 조합하여 이야기를 만들어냅니다.

결국, GPT는 한마디로 '능숙한 이야기 전문가 로봇'이라고 할 수 있다. 이 로봇은 다양한 주제에 대해 이야기를 만들어내고, 사람들의 질문에 적절한 답변을 찾아준다.

다시 정리하면, 스스로 학습하여 답변을 생성하고 대량의 데이터와 맥락을 처리할 수 있는 트랜스포머(변환기) 기술로 대규모 언어 모델(Large Language Model)을 기반으로 한다. 여기에 인간 피드백 기반 강화 학습(RLHF, Reinforcement Learning with Human Feedback)이 적용됐다. ChatGPT가 사용자의 의도와 니즈에 부합하는 답변을 도출할 수 있도록 인간의 피드백을 반영하고 학습하는 과정이 덧붙여진 것이다. 기존의 AI 학습 데이터에는 인간의 작업이 적게 투입되거나 아예 없었지만, ChatGPT의 교육 과정에는 AI가 데이터를 학습하는 중간

단계에 레이블러(labeler)라는 '인간' 학습 가이드를 넣어서 최종 아웃풋의 퀄리티를 높인 것이다. 인간의 선호도를 AI의 보상 신호(reward signal)로 사용하여 ChatGPT 모델을 미세 조정(fine-tuning)한 것이다.[2]

그러한 과정이 덧붙여지다 보니 공개된 ChatGPT는 어떤 AI 모델보다 뛰어난 성능을 보였고 전 세계 사람들을 열광시켰다. 출시된 지 5일 만에 100만 명의 사용자를 모았고, 두 달 만에 월 사용자 1억 명을 돌파했다.[3]

투자은행 UBS는 보고서에서 "인터넷 등장 이후 20년 동안 이렇게 빠른 증가율은 처음"이라고 밝혔다.

휘몰아친 광풍이 잦아들기도 전에 오픈AI에서는 3월 14일(현지 시각) 한 단계 더 업그레이드된 거대 언어 모델 GPT-4를 공개했다. 샘 알트만 오픈AI CEO는 3월 14일(현지 시각) 트위터를 통해 "초거대 인공지능 중 가장 뛰어나고 정리가 잘된 모델인 GPT-4를 개발했다"고 밝혔다. GPT-4는 GPT-3.5에서 아쉬웠던 점을 많이 보완했다.

첫째, GPT-4는 이전 버전과 달리, 텍스트뿐 아니라 이미지까지 인식하는 멀티모달(Multimodal, 복합 정보 처리) 모델이다. 문자로만 대화할 수 있었던 것에서 사진과 문자를 결합한 질문도 이해하고 답변할 수 있게 발전한 것이다.

계란과 밀가루, 버터, 우유 사진을 올리고 "이걸로 요리할 수 있는

2 삼일PwC경영연구원. ChatGPT, 기회인가 위협인가.

3 ZDnet. ChatGPT, 두 달 만에 월 사용자 1억 명 돌파…틱톡보다 빨랐다. 2023.02.03.

게 뭐지?"라고 물으면 "팬케이크나 와플, 프렌치토스트 등등"이라고 대답을 할 수 있다.[4]

의약품 사진을 올려 약 성분과 활용법 등을 물어볼 수도 있다.

둘째, 한국어를 인식하는 기능도 더 향상됐다. 이전 버전에서는 한국어로 물으면 대답이 만족스럽지 않아 영어로 묻고 그것을 번역해서 사용하곤 했다. 오픈AI가 시험한 26개 언어 가운데 GPT-4는 한국어와 일본어, 프랑스어 등 24개 언어에서 GPT-3.5가 영어를 하는 수준보다 더 높은 성능을 보였다.

셋째, 대화 내용을 기억할 수 있는 능력도 늘어났다. 미국 IT 전문 매체 테크크런치는 "GPT-3.5는 책 4~5페이지에 해당하는 4천96 토큰(메모리 단위)을 보유했는데, GPT-4는 최대 책 50페이지 수준인 3만 2천768 토큰을 보유했다. 희곡이나 단편 하나를 통째로 외울 수 있다는 의미"라고 밝혔다. 단어 분석 능력도 크게 늘었는데, 기존 모델은 3천 단어 수준의 텍스트를 분석할 수 있었지만, GPT-4는 2만 5천 단어 이상을 한 번에 분석한다.[5]

또한 GPT-3.5의 고질적 문제였던 엉뚱한 대답을 사실인 것처럼 말하는 '할루시네이션(환각) 현상'도 크게 줄었다.

실제로 여러 전문 시험에서 상위 수준의 능력을 보여주기도 했다. 미국 모의 변호사 시험에서 10등(100명 응시 기준. 상위 10%), 미국 대학 입학 자격시험(SAT)인 읽기와 수학에서는 각각 7등과 11등을 했

4 연합뉴스. '더 똑똑한' GPT-4 뭐가 달라졌나…이미지 읽고 언어능력 향상. 2023.03.16.

5 한겨레. 더 똑똑해진 ChatGPT-4, 미국 변호사 시험 보게 했더니… 2023.03.15.

다. 반면 기존 GPT-3.5는 전문 시험에서 하위 10%대 순위였다.

GPT-4는 현재(2023. 4. 12. 기준) 유료 구독자들만 제한적으로 사용할 수 있다. 검색엔진 빙 챗에 GPT-4 기술이 구현돼 있어, 빙 챗에서는 누구나 무료로 사용이 가능하다. 빙에서 챗 기능을 활용하는 방법은 다음 꼭지 'ChatGPT 시작하기'에서 자세히 안내했다.

ChatGPT의 가장 아쉬운 점이라면 2021년까지의 데이터를 학습한 결과물이다 보니 최신 정보에 약하다는 점이다. 그런데 오픈AI는 2023년 3월 23일(현지 시각), 이 단점까지도 보완할 수 있는 ChatGPT 플러그인을 공식 블로그에 발표했다. 플러그인이란 API 등 응용프로그램을 플랫폼에 간단히 부착해 기능을 늘리는 시스템인데, 이 기능을 이용하면 최신 정보를 사용한 답변을 받을 수 있다.[6]

오픈AI는 플러그인을 통해 ChatGPT가 학습한 데이터에 포함되지 않은 "너무 최신이거나 너무 개인적이거나 너무 구체적인 정보에 접근할 수 있다"고 설명했다. 오픈AI는 우선 소수의 개발자를 대상으로 플러그인을 적용하고 점차 그 범위를 늘려나갈 것이라고 밝혔다.[7]

앞으로 이 기능이 일반화된다면, ChatGPT는 더 강력한 도구가 될 것으로 보인다.

6 ZDNET. 오픈AI, '챗GPT 플러그인' 공개..."챗봇 눈·귀 역할". 2023.03.24.

7 서울파이낸스. 오픈AI, '챗GPT'에 최신 정보 반영…'챗GPT 플러그인' 출시. 2023.03.24.

지금은 AI 챗봇 춘추전국시대

ChatGPT가 연일 화제가 되는 가운데, 이미 AI를 깊게 연구해왔던 여러 회사들도 AI 챗봇 서비스를 출시하거나, 출시 계획을 밝히고 있다.

ChatGPT 출시 이후 최고의 비상사태를 의미하는 코드 레드(code red)까지 발령했던 구글은 2023년 3월 21일(현지 시각) 대화형 AI 바드(Bard)를 출시한다고 발표했다. 미국과 영국에서 일부 이용자를 대상으로 바드를 선보인다고 한다.[8]

바드는 ChatGPT와 달리 AI 답변이 부족하거나 의심이 갈 때는 구글을 검색할 수 있도록 했다. AI 결과가 마음에 안 들면 '구글링 해주세요(Google It)'라는 버튼을 눌러서 동작하게 하는 식이다.[9]

구글은 앞으로 더 많은 국가를 대상으로 바드를 서서히 공개할 계획이라고 한다. 마이크로소프트가 빙에 ChatGPT 기능을 사용할 수 있는 챗봇을 입힌 서비스를 시작하며, 구글이 점유했던 검색엔진 시장을 치고 들어오려고 하자 더 긴박하게 대응책을 공개한 것이다.

우리나라 네이버에서는 2023년 2월 27일 국내 최대 규모의 개발 콘퍼런스 '데뷰(DEVIEW) 2023'에서 2023년 상반기 내 공개를 목표로 하는 '서치GPT' 프로젝트를 소개했다.[10]

서치GPT 프로젝트는 최신성과 사실성이 보장된 정보, 네이버 서

8 Google blog. Try Bard and share your feedback. 2023.03.21.

9 매일경제. 구글 '바드' 공개 … 달아오르는 AI 챗봇 경쟁. 2023.03.22.

10 전자신문. 네이버, ChatGPT 대항마 '서치GPT' 청사진 공개...한국어 학습 6500배. 2023.02.27.

비스와의 연결성, 효과적인 정보 제공을 위한 멀티모달(사진과 텍스트 등 복합적 정보를 함께 이해할 수 있는 것) 세 가지에 중점을 두고 있다고 밝혔다.

카카오는 2023년 3월 19일 생성형 AI 챗봇 '다다음(ddmm)'을 베타 오픈했으나, 사용자 폭증으로 인해 하루 만에 안정성 확보 차원에서 잠정 중단했다.[11]

다다음(ddmm)으로는 다양한 콘텐츠(기사, 논문, 영화, 드라마)의 요약 정보 검색, 간단한 텍스트로 이미지 생성하기, 다양한 정보 검색, 복잡한 정보 정리, 언어 공부, 번역 등의 서비스를 이용할 수 있다고 밝혔다.

베타 오픈을 잠정 중단하며, 카카오의 AI 자회사인 카카오브레인은 다다음(ddmm) 카카오톡 채널에 '오픈 24시간 만에 채널 등록 사용자가 1.2만 명을 넘는 등, 당초 내부 기대를 넘어서는 폭발적인 사용자 증가로 인해 프로젝트 정비에 다시 들어가게 됐고, 피드백을 반영해 이른 시일 내에 다시 돌아오도록 하겠다'고 밝혔다.

이 외에도 건강 AI 챗봇, AI 여행 플래너, AI 튜터 등 세부 분야에서 특화된 AI 챗봇 서비스도 계속해서 나오고 있다. 바야흐로 AI 챗봇 춘추전국시대인 셈이다.

처음에는 멀게만 느껴졌던 스마트폰이 이제는 우리 일상의 자연스러운 부분이 됐듯, AI 챗봇 또한 점차 일상에서 필수적인 도구로 자리 잡을 것으로 예상된다.

11 다다음(ddmm) 카카오톡 채널.

어떤 서비스가 춘추전국시대의 최종 승자가 될지 예상하기는 쉽지는 않다. 하지만 ChatGPT는 이 시대에 가장 뛰어난 AI 모델로 인정받고 있을 뿐 아니라, 연일 새롭게 기술을 보완하고 있어, ChatGPT를 내 삶에 활용하는 것은 미래를 대비하기 위한 중요한 핵심 역량이자 생존 전략이 될 것으로 보인다.

1.2 ChatGPT 시작하기

1. ChatGPT 시작하는 법

ChatGPT를 하는 방법은 아주 간단하다. 이메일 계정만 있으면 회원 가입을 한 뒤 손쉽게 이용할 수 있다.

[ChatGPT 회원 가입 하는 방법]

① 아래 사이트로 간다.

https://chat.openai.com/chat

② Sign up을 누른다.

ChatGPT 회원 가입 화면

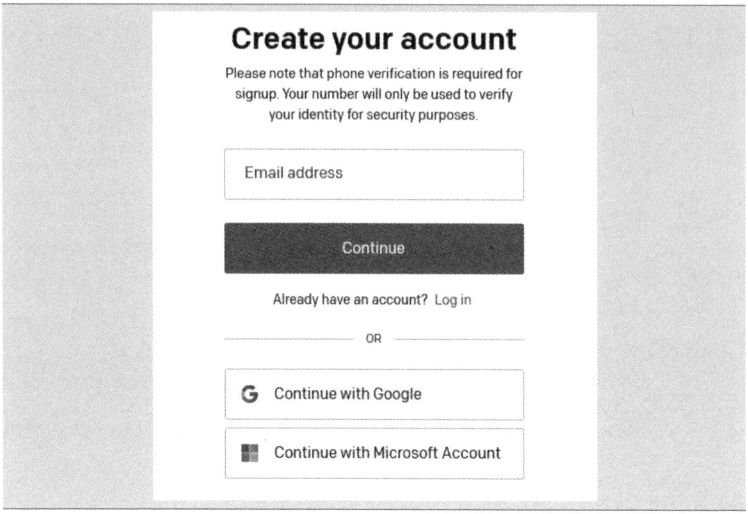

Sign up 화면

구글이나 MS 메일이 아닌 경우는 직접 메일 주소를 입력하면 된다. 구글 메일 주소를 사용하려면 하단에 있는 Continue with Google을 클릭, MS 메일 주소를 사용하려면 하단에 Continue with Microsoft Account를 클릭한다.

③ 비밀번호를 입력한다.

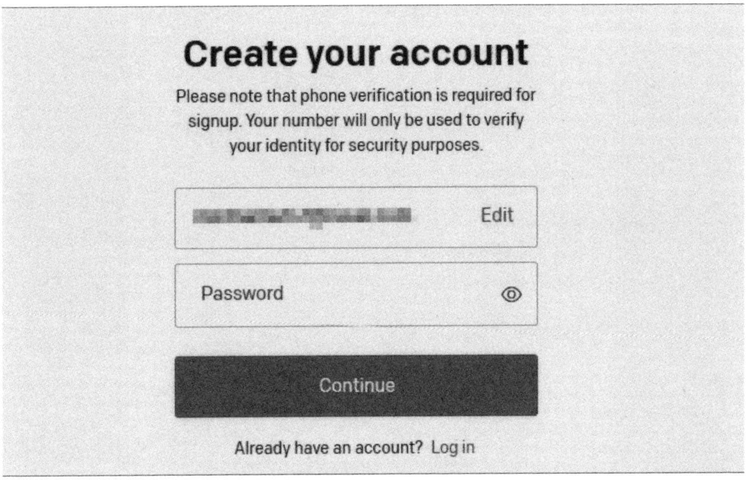

비밀번호 입력 화면

메일 주소를 입력한 후 Continue 버튼을 누르면, 위의 이미지처럼 패스워드를 입력하라고 나온다. 8자로 구성된 비밀번호를 입력하면 된다.

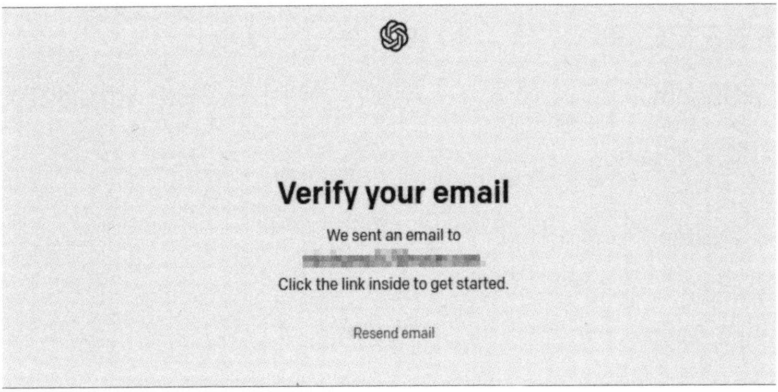

이메일 인증 메시지

비밀번호를 입력하면 위와 같이 이메일의 링크를 확인하라고 메시지가 뜬다.

④ 입력한 메일 주소로 온 인증 메일을 확인한다.

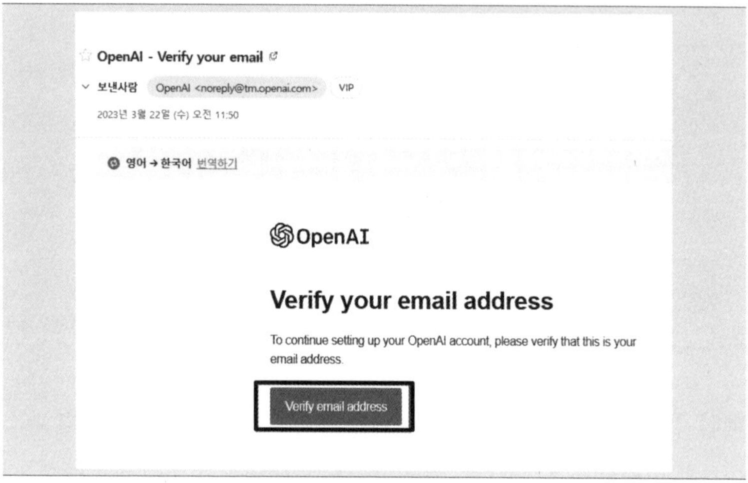

이메일로 온 확인 메시지

메일을 확인하면 다음과 같은 메일이 와 있을 것이다.
'Verify email address' 버튼을 누르면 인증이 완료되고, ChatGPT를 시작할 수 있다.

⑤ ChatGPT에 필요한 질문을 해본다.

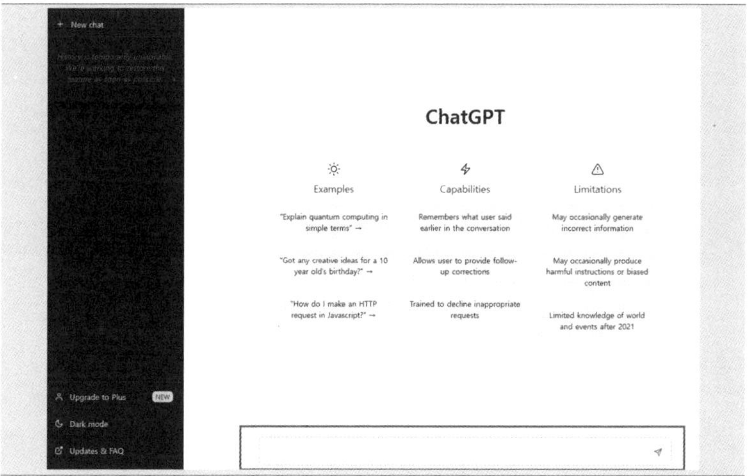

ChatGPT 시작 화면

하단에 있는 질문 박스에 질문을 입력하면 된다.

2. 무료 가입자와 유료 가입자의 차이

ChatGPT는 무료로 사용할 수 있다. 가끔 사용한다면 무료로도 충분하지만, 상시로 사용할 경우에는 유료로 전환하는 것이 편리하다. 사용자가 점점 증가하다 보니, 질문을 계속하다 보면 멈춤 현상이 자주 발생하기 때문이다. 오픈AI에서 밝히는 무료와 유료의 차이는 다음과 같다.

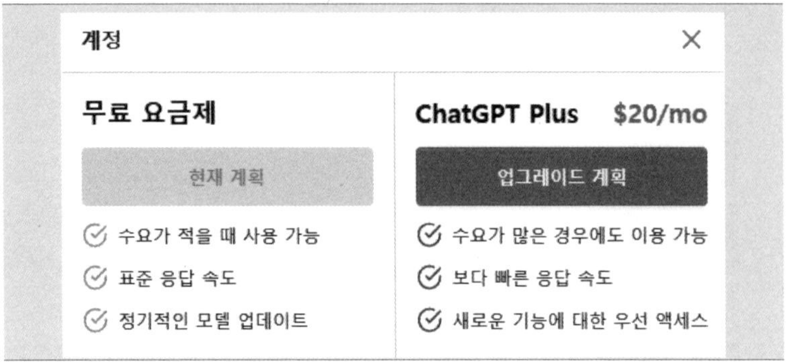

무료 요금제와 유료 요금제 차이

무료 요금제

* (질문) 수요가 적을 때 사용 가능
* 표준 응답 속도
* 정기적인 모델 업데이트

유료 요금제(ChatGPT plus, 한 달간 20달러)

* (질문) 수요가 많은 경우에도 이용 가능
* 보다 빠른 응답 속도
* 새로운 기능에 대한 우선 액세스

현재(2023. 4. 17. 기준) GPT-4는 유료 요금제에서만 사용할 수 있다.

오픈AI가 2022년 11월 30일 처음으로 인공지능 챗봇 'ChatGPT' 서비스를 내놓을 때는 무료 버전으로 출시했다. 이후 2023년 2월에 유료 서비스인 ChatGPT 플러스(ChatGPT plus)를 발표했다. 오픈 당시

부터 업계에서는 높은 운영비 때문에라도, 오픈AI가 ChatGPT를 유료화할 것으로 예상했다. 실제 샘 알트만 오픈AI 최고 경영자(CEO)는 챗봇이 답변 하나를 내놓는 데 "한 자릿수 센트(single-digit cent)의 비용이 든다"고 밝혔다.[12]

실제로 사용자 수가 증가하면서 무료로 사용할 경우 접속이 몰리는 시간에는 답변의 속도가 원활하지 않다. 질문을 연속으로 하면 자주 오류가 뜨며 답변이 멈추기도 한다.

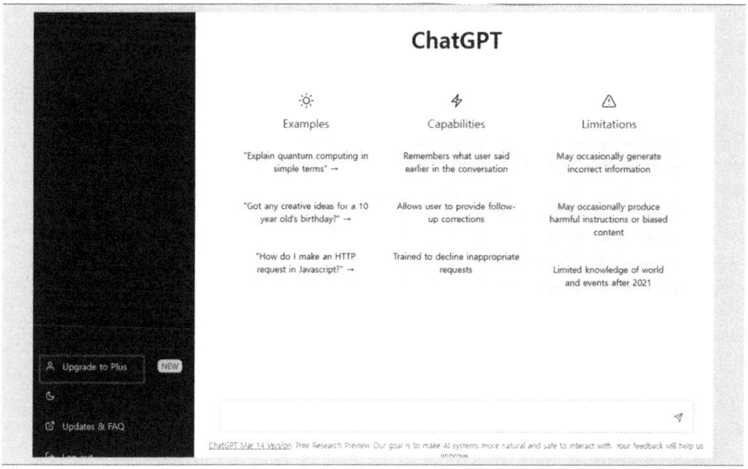

Upgrade to Plus 신청하기

따라서 자주 사용할 경우에는 유료 구독을 하는 게 편리하다. 유료 구독은 왼쪽 하단의 메뉴 'Upgrade to Plus'를 누르면 된다.

12 뉴욕타임스. How ChatGPT Kicked Off an A.I. Arms Race. 2023.02.03.

Upgrade to Plus 신청 화면

그 후 신용카드 정보를 입력하면 자동으로 구독 신청이 된다. 취소하고 싶을 때는, 구독 신청 후 왼쪽 메뉴에 생긴 'My account'를 눌러서 구독 플랜을 취소하면 된다.

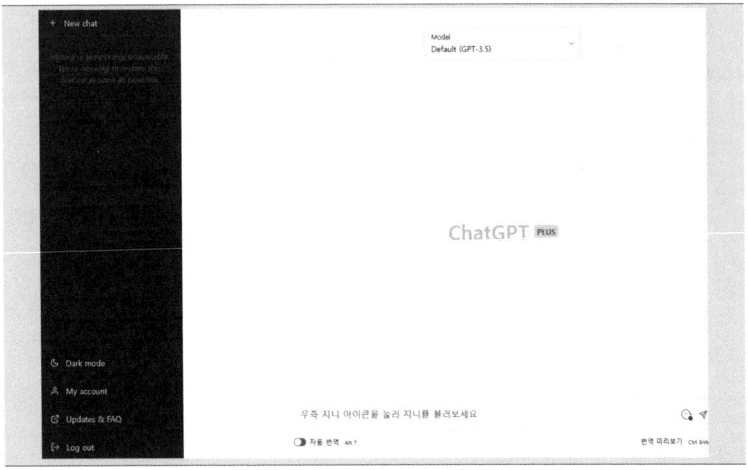

유료 구독 후 화면

유료 구독을 하면 다음과 같은 화면이 표시된다.

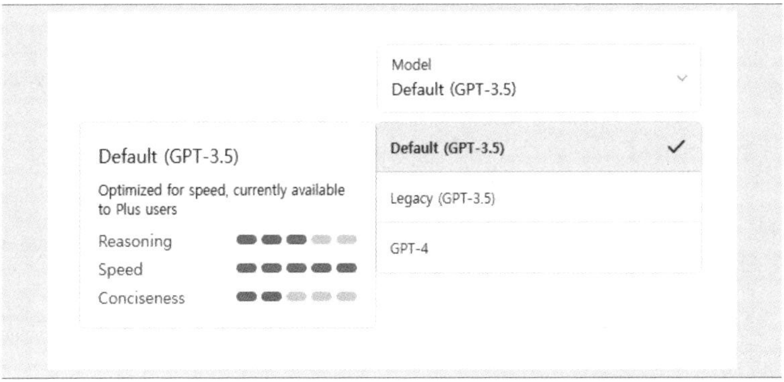

유료 구독에서 사용할 수 있는 버전

Default (GPT-3.5)[13], Legacy (GPT-3.5)[14], GPT-4 중에서 선택해서 사용할 수 있다. 항목을 누르면 각각의 버전마다 추론(reasoning), 속도(speed), 간결성(conciseness) 정도 등에 대해 알 수 있게 보여준다. GPT-4는 2023년 4월 12일 기준으로 3시간, 25개의 질문만 사용 가능하다. 앞으로 수요가 더 많아지면 이것도 줄어들 수 있다.

무료와 유료를 둘 다 사용했을 때, GPT-3.5의 경우 속도에서는 큰 차이를 보였다. 무료는 이용자 수가 많아서인지 대답이 느린 반면, 유료는 순식간에 해준다. 답변의 질에 있어서는 큰 차이를 느끼지는 못했다. 물론 GPT-4는 GPT-3.5와 답변 내용에 차이가 나고, 조금 더 질문자의 의도를 파악해 대답해주는 듯했고, 한국어 구사 능력도 더 뛰

13 속도에 최적화되어 있고 현재 플러스 이용자들에게 제공된다.

14 이전 ChatGPT plus 모델

어나다는 느낌을 받았다. 유료 서비스이긴 하지만 속도는 아직 느리다.

하지만 유료 사용을 할 때 유의할 점이 있다. 유료 사용 시 카드 결제 등 개인정보 노출로 인한 피해 우려의 시각도 있다는 점이다. 시행 초기인 만큼, 개인정보 부분은 유의가 필요하므로, 이 점을 참고해서 사용해야 한다.

3. 검색 채널 빙에서 챗 기능 이용하기

마지막으로 검색 채널 빙에서 ChatGPT의 기능을 사용하는 방법을 알아보자. 2023년 2월 7일(현지 시각) 사티아 나델라 마이크로소프트 최고경영자(CEO)는 AI 기반의 새 검색엔진 빙을 발표했다. 검색엔진 빙과 엣지 브라우저에 ChatGPT처럼 대화형 챗봇을 장착하고 대화하는 모습을 시연한 것이다. 3월 15일에는 이 챗 기능에 GPT-3.5가 아닌 GPT-4 기술을 적용했다고 밝혔다.

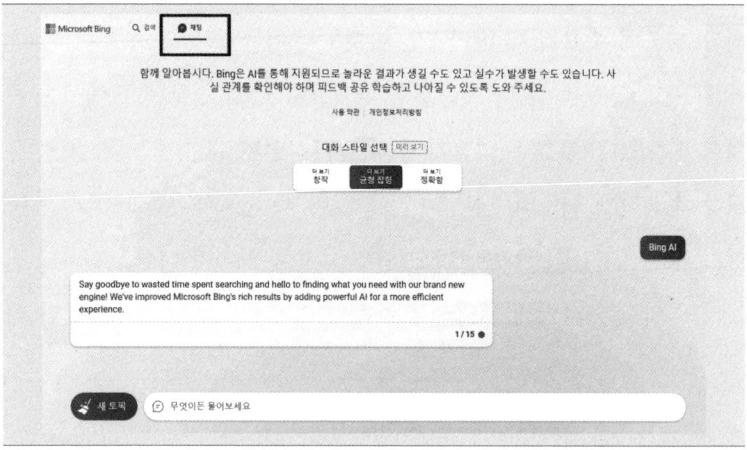

엣지 브라우저에서 사용하는 빙 챗 기능

ChatGPT에게 질문하듯, 빙 챗 기능을 통해 똑같이 물어보며 답을 구할 수 있다. ChatGPT는 2021년까지의 데이터를 학습했기 때문에 이후의 자료에는 취약한 반면, 빙 챗은 최신 정보를 인터넷상에서 검색해 출처까지 정확히 알려준다. 따라서 최신 정보가 필요한 질문의 경우에는 빙 챗 기능을 이용하면 편리하다. 새 빙의 출시 이후, 처음에는 사용 신청을 받아 순차적으로 접근을 허용하는 베타 테스트를 진행했다. 지난 2023년 3월 15일(현지 시각) 기준으로 GPT-4를 결합한 검색엔진 '빙'에 대한 베타 테스트를 끝내고 엣지 브라우저에 공식 장착했다. 사용법은 다음과 같다. PC를 기준으로 한 사용법이다.

① 마이크로소프트 엣지 브라우저를 열어준다.
새로운 빙은 현재(2023. 4. 12.) 기준으로는 엣지 브라우저에서만 채팅 기능을 사용할 수 있다.

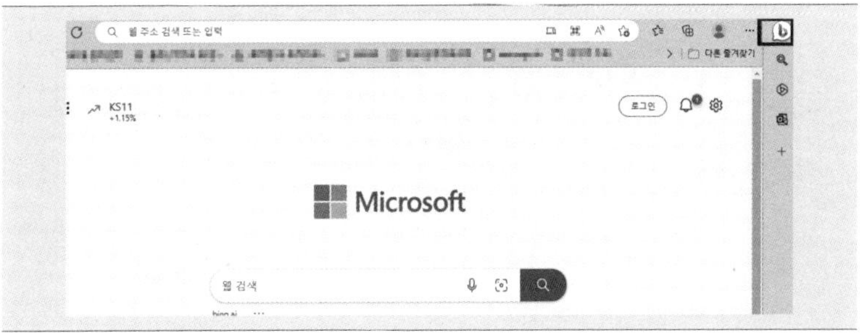

엣지 메인 화면

② 엣지 메인 화면 오른쪽 상단의 bing 아이콘을 눌러준다.

엣지 빙 아이콘 눌렀을 때

로그인을 안 했을 경우 다음과 같은 화면이 나타난다. 채팅 시작을 누르면 마이크로소프트에 로그인하라는 창이 나오므로, 마이크로소프트 계정으로 로그인하면 된다. 계정이 없으면 간단히 자주 쓰는 이메일 주소를 입력해 만들면 된다. 로그인을 하면 아래와 같은 화면이 생성되면서 챗 기능을 이용할 수 있다.

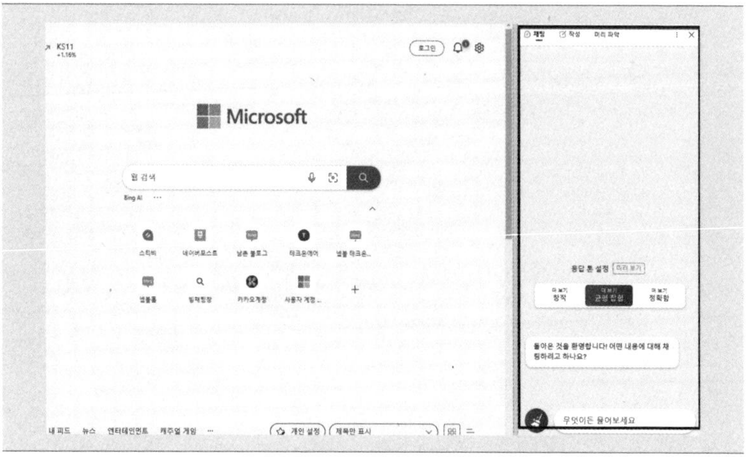

빙 챗 화면

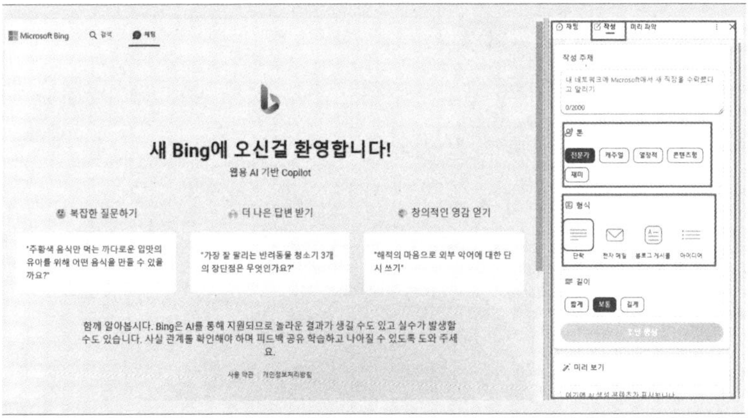

작성 메뉴

채팅을 누르면 궁금한 걸 물어볼 수 있다. 작성 메뉴를 누르면 2,000자 이상의 글자로, 각종 주제에 대해 다양한 형식(일반 글, 이메일, 블로그 글, 아이디어)의 글 초안을 받아볼 수 있다. 글의 톤도 '전문가', '캐주얼', '열정적' 등으로 조정할 수 있다.

빙 챗 기능

엣지 브라우저에서 빙(https://www.bing.com)으로 접속해도 채팅 기능 사용이 가능하다.

이렇게 ChatGPT와 새로운 검색엔진 빙 챗을 사용하는 방법을 알아보았다. 되도록 바로 회원 가입을 해서 책을 읽으며 실습을 해보면 더 빨리 익숙해질 수 있다.

1.3 ChatGPT를 잘 사용하기 위한 5가지 팁

① 질문을 AI가 잘 알아들을 수 있도록 해준다.

문장형보다는 주제, 맥락, 분량, 포맷, 예시 등을 정리해서 넣어주면 좋다. 예를 들어 이런 식으로 질문할 수 있다.

예시 1

나에 대한 소개

- 잡지사에서 인터뷰를 14년간 해온 기자다.
- 블로그 글쓰기, 콘텐츠마케팅 방법, 전자책 출판 등에 대한 정보를 갖고 있다.
- 나의 꿈은 삶의 전환기에 새로운 시작을 하는 사람들을 위한 정보를 주는 것이다.
- 정보의 예로는 성공한 사람들의 이야기, 블로그 글쓰기 시작하기, 공감받는 온라인 글쓰기 방법, 전자책 출판 방법 등이다.

이런 내가 할 수 있는 유튜브 주제를 10개만 추천해주세요.

(1) 신선하다고 느낄 주제 (2) 차별화된 주제였으면 좋겠습니다.

예시 2

주제: 된장찌개 레시피

용도: 블로그 포스팅

포함되어야 하는 내용: 자세한 요리 재료 (칼로리 포함)

글자 수: 1,000자 내외

어투: 친절하고 긍정적인 어투

위의 글을 초보자도 쉽게 이해할 수 있게 써주세요.

좀 더 구체적이고 도움이 되는 답변을 얻기 위해 ChatGPT가 조언하는 내용이다.

1. 명확하게 질문하기

모호한 언어의 사용보다는 원하는 것이 무엇인지를 명확히 하면 좋습니다. ChatGPT는 자연어 처리 기술을 사용하기 때문에, 언어의 모호성이나 불분명함이 답변의 정확도를 저해할 수 있습니다. 알고 싶은 것에 대해 구체적으로 물어보세요. 짧고 간결한 질문을 사용하고, 하나의 주제에 초점을 맞추고, 다른 관련 주제는 별도의 질문으로 나누는 것이 좋습니다.

※ 안 좋은 질문 예시

- 어떤 사람이 상을 받았나요?
- 제주도의 날씨가 어떻게 되나요?
- 아이폰과 삼성 갤럭시 중 어떤 것이 더 좋은가요?
- 새우깡은 뭐죠?

※ 좋은 질문 예시

- 2020년 아카데미 시상식에서 최우수 남우주연상을 수상한 배우는 누구인가요?
- 제주도의 3월 중순부터 4월 초까지의 평균 기온과 강수량은 어떻게 되나요?

- 아이폰과 삼성 갤럭시의 스펙, 카메라, 배터리 수명 등을 비교하여 어떤 것이 더 좋은가요?
- 새우깡의 역사와 함량 성분, 제조 방법에 대해 알려주세요.

2. 질문의 범위 한정하기

질문의 범위를 한정하세요. ChatGPT는 다양한 주제에 대해 답변을 제공할 수 있지만, 질문의 범위를 한정하면 더 원하는 답변을 받을 수 있습니다.

※ 안 좋은 질문 예시

- 전 세계에서 가장 높은 산은 어디인가요?
- 카카오게임즈 매출에 대해 설명해주세요.
- 전 세계에서 발생한 모든 자연재해를 알려주세요.
- 불안할 때는 어떻게 해야 하나요?

※ 좋은 질문 예시

- 아시아 지역에서 가장 높은 산은 어디인가요?
- 2019년 카카오게임즈의 매출액은 얼마인가요?
- 지난 1년간 유럽에서 발생한 대형 자연재해에 대해 알려주세요.
- 40대 여성이 불안할 때 할 수 있는 5가지 간단한 활동을 알려주세요.

그 외 배경 정보를 제공한다거나, 예시 요청, 근거와 출처 요청하기 등을 통해 더 구체적이고 도움이 되는 답변을 받을 수 있다.

※ 안 좋은 질문 예시

- 파스타 요리를 만들려면 어떻게 해야 하나요?
- 대학생들에게 좋은 인턴십 기회를 추천해주세요.
- 건강에 좋은 레시피를 알려주세요.

※ 좋은 질문 예시

- 지금까지 먹어본 것 중에서 가장 맛있는 파스타 요리는 로제 파스타였습니다. 비슷한 맛의 파스타 요리를 만들려면 어떤 재료와 레시피를 사용해야 하나요?
- 저는 지금 대학교에서 심리학을 전공하고 있습니다. 심리학 전공자들에게 유용한 인턴십 기회에 대해 추천해 주겠어요?
- 제 친구는 당뇨병 환자입니다. 당뇨병 환자가 안전하게 섭취할 수 있는 저탄수화물 디저트 레시피를 알려주세요.

만약에 명확하고, 주제를 한정하는 질문을 하기 어렵다면 처음에는 막연하게 물어본다. 그리고 ChatGPT의 답변을 들으며 그중에서 구체적으로 더 듣고 싶은 내용을 보완해달라거나, 예시를 들어달라는 식으로 해서 구체화하면 된다.

② ChatGPT는 앞서 한 질문의 맥락을 이해한다. 같은 대화창에서 그 맥락에 맞는 질문을 이어간다.

ChatGPT에게 질문을 할 때 처음에는 New chat을 생성해서 하게 된다. 그러면 질문을 한 내용에 따라서 자동으로 ChatGPT가 그 채팅창의 이름을 지어서 저장한다. 그 대화의 맥락을 이해하고 이후 질문을 할 때도 그 맥락 아래에서 답변해준다. 예를 들어 '나는 43세의 직장인입니다…….' 하면서 질문을 했다고 한다면, 그 채팅창에서 추가로 질문을 할 때도 나에 대해서 43세의 직장인이라고 인지하고 답변한다. 물론 너무 대화가 길어지면 그 앞의 내용을 기억 못 하기도 하지만, 바로 대화를 이어갈 경우에는 기억을 해서 답변을 해준다. 그래서 같은 맥락으로 질문할 때는 같은 채팅창을 이용하고, 다른 맥락으로 변경이 될 때는 New chat을 생성하여 대화하는 게 좋다.

대화한 히스토리도 보관을 해준다. 히스토리 저장에 오류가 발생할 때도 있으니, 주요한 대화 목록은 꼭 따로 보관해놓는 것이 좋다.

③ ChatGPT에 역할을 부여하고 대화를 해보자.

예를 들어, 내가 진행하고 있는 책 쓰기 프로그램인 '위너책쓰기'의 상담사로 ChatGPT를 활용하고 싶다고 해보자. 그러면 다음과 같이 물어볼 수 있다.

질문

제가 여는 책 쓰기 프로그램은 7주 동안 전자책 출판을 할 수 있게 이끌어주는 프로그램입니다. 당신은 이제부터 이 프로그램의 상담사입니다.
고객이 문의했을 때 상담사처럼 이야기를 해주세요.

고객 질문

제가 시간이 없어서 책을 못 썼어요. 어떻게 해야 하나요?

책 쓰기 프로그램의 카운슬러로서 저는 글을 쓸 시간을 찾는 것이 어려울 수 있음을 이해합니다. 그러나 목표의 우선순위를 정하고 자신에게 중요한 일을 위해 시간을 내는 것이 중요합니다. 도움이 될 수 있는 한 가지 전략은 작성을 위해 매일 또는 매주 특정 시간을 예약하고 할 일 목록에 있는 다른 약속이나 작업처럼 취급하는 것입니다.

또한 매일 특정 수의 페이지를 요약하거나 작성하는 것과 같이 쓰기 프로세스를 더 작고 관리하기 쉬운 작업으로 나누는 것을 고려하십시오. 이렇게 하면 전체 프로세스가 덜 힘들고 더 성취 가능하게 느껴질 수 있습니다.

여전히 시간을 찾는 데 어려움을 겪고 있다면 관리 작업을 처리하기 위해 가상 조수를 고용하거나 가족이나 친구에게 지원을 요청하는 등 특정 작업이나 책임을 다른 사람에게 위임하는 것을 고려할 수도 있습니다.

책을 쓰는 것은 중요한 성취이며 목표를 달성하는 데 필요한 시간과 자원을 자신에게 주는 것이 중요하다는 것을 기억하십시오.

그냥 '제가 7주간 책을 완성해야 하는데, 시간이 없어서 글을 못 쓰고 있어요. 어떻게 해야 하나요?' 하는 식으로 질문하면 일반적인 제안 사항을 알려준다. 역할을 부여했을 때와는 다른 답변이 나온다.

글을 쓸 시간이 충분하지 않다면 일정을 조정하고 글쓰기를 우선순위로 삼아야 할 수도 있습니다. 다음은 몇 가지 제안 사항입니다.

1. 전용 쓰기 시간을 따로 설정하십시오: 정기적으로 쓰기 시간을 허용하는 일정을 만드십시오. 이것은 하루에 30분 정도일 수도 있고 일주일에 몇 시간일 수도 있습니다. 이 일정을 고수하고 이 시간을 쓰기에만 사용하십시오.
2. 주의를 산만하게 하는 요소를 제거하십시오: 집중적인 글쓰기 시간 동안 잠재적인 방해 요소를 제거하십시오. 전화기를 끄거나 다른 방에 두고, 컴퓨터에서 불필요한 탭을 모두 닫고, 방해받지 않는 시간이 필요하다는 것을 가족들에게 알립니다..... (하략)

상담사처럼 대답해달라고 했을 때는 고객에게 말하듯, 그 사람의 마음을 이해한다고 하면서 설명을 해준다는 것을 알 수 있다. 따라서 비슷한 질문이 왔을 때 상담사의 입장에서 해준 답변을 참고해서 응용해볼 수 있다.

'당신은 작가입니다' '이 수학 문제를 수학자가 풀 듯 스텝 바이 스텝으로 풀이를 안내해주세요' 하는 식으로 역할을 부여하면, 더 원하는 답변에 가까운 답을 얻을 수 있다.

④ ChatGPT는 영어로 된 자료로 학습했기 때문에, 한글 대신 영어로 쓸 때 더 충분한 답변을 얻을 수 있다.

그렇기 때문에 나도 처음에는 파파고로 한글 질문을 번역하여 영어로 입력하고, 다시 번역하는 작업을 했다. 나중에 찾아보니 한글로 입력하면 영어로 번역해서 물어보고, 영어 답변을 다시 한국어로 번역해주는 크롬 확장프로그램이 이미 나와 있었다.

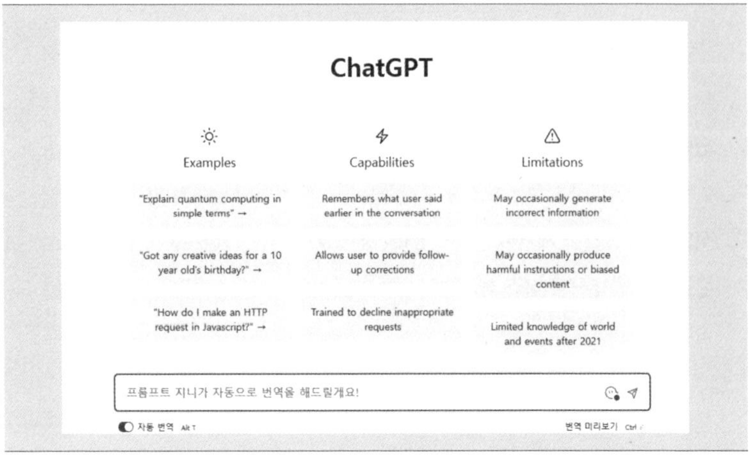

ChatGPT 프롬프트 지니 적용 화면 (2023.03.08 기준)

그 프로그램은 바로 '프롬프트 지니'이다. 크롬 웹스토어에서 확장 프로그램을 추가하면, 위의 이미지처럼 '자동으로 번역해드릴게요'라는 문구가 나온다. 자동 번역을 원치 않으면 그 기능을 꺼놓으면 된다. 번역이 어색한 경우도 있지만 더 풍부한 대답을 얻을 수 있다.

이 외에도 웹검색 확장을 할 수 있게 하는 프로그램 등 다양한 확장 프로그램도 나왔다. 그런데 크롬 확장프로그램은 개인 데이터 유출 등의 소지가 있을 수 있으니 사용 후기를 확인해보고 신중히 깔아야 한다.

⑤ 답변이 끊기면 '이어서' '계속' 하는 식으로 추가 요청을 한다.

현재까지(2023. 3. 25. 기준)는 답변 길이가 아주 길지는 않다. 그래서 질문의 답이 채 끝나기도 전에 대답이 끊길 때도 많다. 한 번 답변을 할 때 글자 수를 계산해보니 대략 550~650자 정도의 글을 써준다. (공백 제외) 답변이 중간에서 끊겼다면 '이어서' '계속'이라고 입력하면

이어서 답변해준다.

그 외 답변을 받은 후 마음에 안 들 때는, 답변 하단에 'Regenerate response(응답 재생성)'을 누르면 답변을 새롭게 생성해준다. 답변 중에는 'Stop generating(생성 중지)'를 누르면 답변을 멈출 수 있다.

1.4 ChatGPT의 한계와 사용 시 주의 사항

마지막으로 ChatGPT의 한계와 사용할 때 주의사항에 대해서 알아보자.

1. 정답이 아니라, '가장 정답일 확률이 높은 답변'을 한다

ChatGPT는 학습량이 적은 한국어나 한국 관련한 질문에 대해서는 잘못된 정보를 전하기도 한다. 이것을 할루시네이션(Hallucination, 환각) 오류라고 한다.

할루시네이션은 AI가 처음부터 잘못된 데이터로 학습하거나, 라벨링(분류)이 제대로 안 된 데이터로 학습하는 등의 이유로 나타나는 문제이다. 특히 ChatGPT가 학습한 데이터 중 한국어 데이터는 극소량이기 때문에 더 오류가 발생한다. GPT-4의 경우는 할루시네이션 오류를 일으킬 확률이 더 줄었다고는 한다.

예를 들어 '한국의 소설 심청전의 주인공에 대해 알려주세요'라고 질문하면 이런 대답을 들려준다.(2023. 3월 초 기준)

'심청전은 대표적인 한국 전래동화 중 하나로, 아버지인 이몽룡과 함께 살고 있는 젊은 소녀인 심청이 이야기의 주인공입니다. 심청은 이몽룡이 못난이로 태어났다는 소문을 듣고 이를 부인하기 위해 어릴 적부터 애써왔습니다. 하지만 어느 날, 심청의 어머니가 돌아가시면서 이몽룡이 실제로 못난이임이 밝혀지고, 이에 군림하던 왕까지 이를 들어 알게 되면서 심청의 이야기는 더욱 복잡한 상황으로 발전합니다. 심청은 이와 같은 상황에서도 악당들을 물리치고, 마침내 아버지를 구할 수 있는 기적적인 해프닝을 일으키며 전해지는 이야기입니다.'

이몽룡이 갑자기 심청이의 아버지가 되다니……. 영문 자료로 학습을 하다 보니 한국어로 된 지식에는 취약하다는 것을 단적으로 보여준다. 그래서 보고서, 논문 등의 작업에 사용할 때는 사실관계 확인을 거쳐야 한다. 또한 대규모 데이터를 기반으로 학습하면서, 데이터에 존재하는 편향성이 인공지능에도 반영될 수 있다. 그래서 ChatGPT의 답변이 편향적이거나 현실과 다를 수 있다는 점도 알고 있어야 한다. 이러한 오류가 날 수 있다는 것은 알고 사용해야 한다.

2. 개인정보와 보안을 조심해야 한다

ChatGPT와 같은 인공지능은 사용자의 질문에 답변하기 위해 데이터를 수집하고 분석한다. 이 과정에서 개인정보가 유출될 수 있기 때문에, 구체적인 개인정보와 관련된 내용 입력은 피해야 한다. 뿐만 아니라, 보고서 작성에 도움을 받기 위해 회사의 데이터나 정보를 입력하는 것도 각별히 주의해야 한다.

3. 인공지능과의 관계에 대해서도 고려하자

ChatGPT와 대화를 하다 보면 사람과 대화하는 것처럼 느껴질 수도 있다. 하지만 ChatGPT는 기계이고 감정이나 의도를 가지지 않는다. 마치 사람과 대화하는 것처럼 감정의 상호작용을 할 필요는 없다. 하지만 사람의 데이터를 갖고 학습하며, 앞으로 사람과 공존해야 하는 인공지능이니만큼 욕설, 비속어 등은 자제하고 존중하는 태도로 대하는 것은 중요하다.

4. 콘텐츠 저작권에 대하여

ChatGPT가 생성하는 콘텐츠의 저작권은 논란이 될 수 있다. ChatGPT가 생성한 콘텐츠를 그대로 사용할 때는 저작권에 대해서도 생각을 해야 한다. 요즘 ChatGPT가 생성한 글을 그대로 출처도 밝히지 않고 자신이 쓴 글인 양 블로그 등에 올리는 경우도 많다. ChatGPT가 작성한 것을 그대로 올릴 때는 내가 이런 질문을 던졌고, 그에 따라 ChatGPT가 작성한 글이라는 출처를 밝혀주는 것이 좋다.

이 외에도 ChatGPT를 둘러싼 편향된 정보 유포, 표절 문제, 가짜 뉴스, 사용자의 학습 능력 저하 등 여러 우려가 나오고 있다. 그래서 모든 수업, 과제 및 평가에 ChatGPT 또는 다른 AI 도구 사용을 금지하는 교육기관도 있고, 오히려 활용하려는 교육기관도 있다. ChatGPT를 대하는 입장과 태도는 다르지만, 아무리 금지한다고 해도 AI 도구의 사용은 거스를 수 없는 시대의 흐름일 것이다. AI 기술이 제공하는 장점을 최대한 활용하면서, 그에 따른 위험성과 문제점을 인식하고 이를 최소화하도록 노력하는 것이 우리에게 주어진 숙제일 것이다.

2

ChatGPT! 제2의 진로 탐색을 부탁해

2.1 AI 시대, 내 직업은 어떻게 될까?

2.2 ChatGPT가 알려주는 진로 탐색 아이디어

2.3 스마트한 인턴사원; 업무 보조에서 사업 계획, 마케팅까지

2.1 AI 시대, 내 직업은 어떻게 될까?

내가 이 일을 계속할 수 있을까? 앞으로 나는 어떤 일을 하며 살아야 할까? 40대를 전후로 이런 고민을 많이 하게 된다. 어느새 회사에서도 왕고참이 되면서 내가 이곳에 계속 있는 게 맞나 하는 고민을 하는 분이 많다. 나 역시 같은 고민을 한 적이 있다.

요즘처럼 빠르게 변화하는 때에는 위기감이 더 크게 다가온다. AI가 글도 써주고, 그림도 그려주고, 음악도 만들고, 영상도 만들고, 목소리도 내고, 데이터 분석도 하고, 코딩도 해주고……. AI가 인간을 대체해서 할 수 있게 된 영역에 대해서 말하자면 끝이 없다.

나는 AI 글쓰기와 그림 그리기 툴부터 사용해보았다. 향후 몇 년 내에 많은 것들이 AI로 대체될 수 있겠구나 하는 생각에 잠시 위기감을 느끼기도 했다. 실제로 글쓰기, 책 쓰기, 콘텐츠마케팅 분야 역시도 많은 부분 자동화가 이뤄질 것은 분명하다.

2장에서는 이럴 때 어떤 준비를 해야 하는지, ChatGPT를 활용해 진로 탐색에 어떤 식으로 도움을 받을 수 있을지 정리해본다. 먼저 큰 틀의 청사진을 그려볼 수 있도록, 'AI 시대, 내 직업은 어떻게 될까'에 대한 이야기를 해보려고 한다.

AI 시대, 어떤 준비를 해야 할지에 대해 ChatGPT는 이렇게 이야기해주었다.

AI와 자동화 기술이 빠르게 발전하고 있는 것은 사실이며, 향후 몇 년 동안 고용 시장에 상당한 영향을 미칠 것으로 예상됩니다. 그러나 AI가 특정 직업과 산업에 미치는 영향은 복잡하고 예측하기 어렵습니다.

인공지능의 부상으로 인해 일부 일자리가 자동화되거나 중복될 수 있지만, 새로운 일자리와 산업도 등장할 수 있습니다.

예를 들어, 인공지능 개발 및 유지보수에는 소프트웨어 엔지니어, 데이터 과학자 및 기계 학습 전문가와 같은 상당한 수의 숙련된 전문가가 필요합니다. 또한 AI가 다양한 산업에 널리 퍼짐에 따라, AI 시스템과 함께 일할 수 있어야 해서, 개인이 더 복잡한 작업을 수행해야 하는 수요가 증가할 수 있습니다.

AI가 일부 일자리를 대체할 수도 있지만, 특정 산업에서 새로운 기회를 창출하고 효율성을 향상시킬 수도 있다는 점도 주목해야 합니다. 이것은 생산성 향상, 비용 절감, 그리고 궁극적으로 더 높은 경제 성장을 초래할 수 있습니다.

AI가 고용 시장에 미칠 잠재적 영향에 대비하기 위해서는 비판적 사고, 창의성, 감정 지능, 복잡한 문제해결 등 자동화가 어려운 기술 개발에 집중하는 것이 중요합니다. 또한, 기술이 계속 발전하고 새로운 기회가 출현함에 따라 개인은 적응하고 새로운 기술을 배워야 할 수도 있습니다.

전반적으로, AI가 고용 시장에 미치는 영향은 복잡하고 예측하기 어렵습니다. 일부 일자리가 쓸모없게 될 수도 있지만, 새로운 기회와 산업이 등장할 수도 있습니다. 점점 더 자동화되는 세상에서 성공하기 위해서는 정보를 얻고, 새로운 기술을 개발하고, 적응력을 갖추는 것이 중요합니다.

'인공지능의 부상으로 인해 일부 일자리가 자동화되거나 중복될 수 있지만, 새로운 일자리와 산업도 등장할 수 있다'고 한다. 실제로 AI로 글을 써주고, 그림을 그려주는 등의 도구들이 발전하면서 새로운 직업 분야가 탄생하고 있다. 그중에 하나가 '프롬프트 엔지니어'라는 직업이다.

프롬프트(Prompt)는 거대 언어 모델(Large Language Model; LLM)로부터 응답을 생성하기 위한 입력값을 의미한다. 즉 우리가 AI에 던지는 질문들이 하나의 프롬프트가 되는 셈이다.

2023년 2월 워싱턴포스트(WP)는 기술 분야에서 가장 인기 있는 새로운 직업이 'AI 위스퍼러(whisperer)'라며 프롬프트 엔지니어라는 새로운 직업군을 소개했다.[1]

프롬프트 엔지니어는 AI 시스템으로 원하는 것을 정확하게 생산하도록 돕는 사람들을 말한다. AI에 입력하는 텍스트 프롬프트를 만들고 개선하는 일을 하는 것이다. 기존에 이러한 일을 하려면 코딩 언어를 알아야 했지만, 프롬프트 엔지니어는 문장을 이용해서 하기 때문에 코딩 능력은 필요하지 않다.

2022년 8월 열린 콜로라도 주립 박람회 미술대회의 디지털아트 부문에서는 게임 기획자 제이슨 앨런이 미드저니(Midjourney)로 그린 인공지능 그림이 1위를 차지했다.[2]

1 조선비즈. AI와 대화가 직업? 코딩 필요 없는 '프롬프트 엔지니어'가 뜬다. 2023.02.27.

2 한겨레. 인공지능 그림 "악마의 영감을 받은 느낌"…미술전 1위 논란. 2022.09.05.

2022년 콜로라도 주립 박람회 미술대회 디지털아트 부문 1위. '스페이스오페라극장'. Jason M. Allen 트위터에서[3]

이 그림을 그리기 위해 앨런은 미드저니(AI가 그림을 그려주는 사이트)에 900번이 넘는 지시어(프롬프트)를 입력하며 80시간을 보냈다고 한다. 지시어만 잘 입력해도 사람들을 놀라게 할 만한 퀄리티의 그림이 나올 수 있다는 것을 보여준다. 이것 역시도 프롬프트 엔지니어의 영역이라고 할 수 있다.

3 한겨레. 인공지능 그림 "악마의 영감을 받은 느낌"…미술전 1위 논란. 2022.09.05.

PromptBase 사이트

이런 흐름에 따라 미국에서는 프롬프트를 거래하는 온라인 플랫폼 프롬프트베이스(PromptBase)까지 오픈됐다. 달리, 미드저니, 스테이블디퓨전, ChatGPT 등의 AI 사이트가 좋은 결과물들을 만들려면 어떤 프롬프트를 넣어야 하는지를 파는 시장이다. 이 사이트에서 판매되는 상품들을 살펴보면 그 퀄리티가 뛰어나다는 것을 알 수 있다.

PromptBase 사이트에 올라온 Super Cute Line Art

위의 그림은 프롬프트베이스 사이트에 올라와 있는 'Super Cute Line Art'라는 그림이다. 이 중에는 이걸 AI가 그렸다고? 하는 감탄이 나오는 그림도 많다.

그림을 그려줄 수 있게 하는 프롬프트는 2.99달러에 판매되고 있다. 이 지시어를 활용해 그린 귀여운 아트 드로잉을 온라인 사이트에서도 팔 수 있고, 여러 예술 활동에도 활용할 수 있다며 상품 안내를 하고 있다.

2022년까지만 해도 미국 온라인 프롬프트 거래 웹사이트 수는 1개였지만 현재(2023년 3월 14일 기준) 14개로 매달 늘어나는 추세다.[4]

우리나라에도 프롬프트 타운이라는 거래 사이트가 있다.

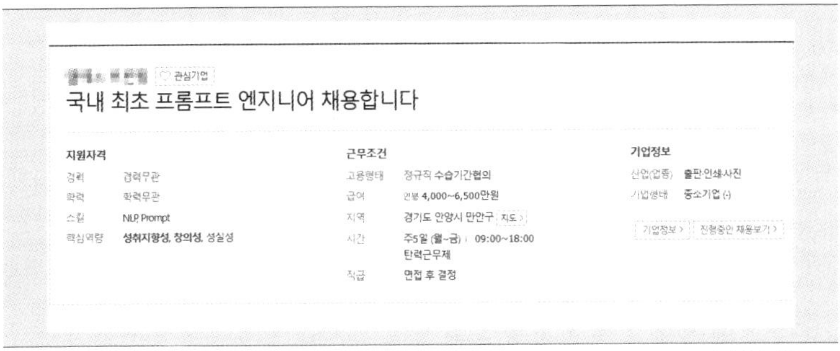

프롬프트 엔지니어 채용 공고

2023년 2월 잡코리아에는 '국내 최초 프롬프트 엔지니어 채용합니다'라는 공고도 올라왔다. 고객 맞춤형 디자인 및 프린팅 서비스를 제공하는 기업에서 올린 공고인데, Stable Diffusion, ChatGPT 등에서

4 ZDNET. "생성 AI에 쓸 명령어 팝니다"...프롬프트 시장 확대. 2023.03.14.

다양한 결과물을 생성하는 서비스를 제공하는 것이 주요 업무이다.

AI 도구들이 발전하면서, AI가 대체할 수 있는 영역은 빠르게 대체되는 반면, 한편으로 새로운 시장이 계속 만들어지고 있는 셈이다. 이러한 변화에 빠르게 대응하는 사람들이나 기업들은 벌써 ChatGPT를 활용해 비즈니스 모델을 만들고 있다.

예를 들어 미국에서 10대, 20대들 사이에 큰 인기를 얻고 있는 메신저 서비스 스냅챗을 만든 스냅(Snap Inc.)은 '스냅챗 플러스(Snapchat+)'라는 이름으로 ChatGPT를 탑재한 인공지능 챗봇 '마이 AI(My AI)'를 출시했다. 3.99달러짜리 유료 멤버십인 '스냅챗+' 가입자에게만 제공하는 서비스인데, 마이 AI는 절친에게 줄 생일선물 아이디어를 추천하고, 주말 하이킹 여행을 계획해줄 수도 있고, 저녁 식사 레시피도 제안할 수 있다.[5]

10대, 20대가 마이 AI와 대화하는 것에 재미와 유용성을 느끼는 만큼, 유료 멤버십 가입자도 증가할 전망이다.

AI와 관련된 새로운 일자리가 창출되고, 이와 관련하여 세대별 삶에도 큰 변화가 예상된다. 이러한 흐름 속에서 어떤 준비가 필요할까. ChatGPT에 40대 이후의 세대가 AI 시대를 준비하는 구체적인 방법에 대해서 물어보았다.

5 국민일보. ChatGPT, SNS도 접수한다… 스냅챗 '마이 AI' 공개. 2023.03.01.

40대 이상의 사람들이 AI가 인간의 일을 많이 대체하는 시대에도 계속해서 일하고 발전할 수 있기 위해 대비할 수 있는 구체적인 방법은 다음과 같습니다.

1. 기술 습득 및 업그레이드: 새로운 기술을 배우고 익히는 것은 중요합니다. AI와 관련된 기본적인 지식을 습득하고, 업무에 사용되는 도구와 소프트웨어에 익숙해지는 것이 도움이 됩니다.
2. 전문 분야 깊이 확보: 자신의 전문 분야에 대한 지식과 경험을 깊이 있게 쌓는 것이 중요합니다. 전문성이 높은 인력은 AI가 대체하기 어렵기 때문에, 지속적인 가치를 창출할 수 있습니다.
3. 소프트 스킬 개발: 인간만이 가진 감성적인 역량과 소프트 스킬을 개발하는 것이 중요합니다. 협업, 의사소통, 창의성, 리더십, 갈등 해결 능력 등을 발전시켜 인간의 강점을 활용할 수 있습니다.
4. 평생학습 마인드셋: 새로운 지식과 기술을 습득하는 것에 대한 거부감을 줄이고, 지속적인 학습에 투자하는 것이 중요합니다. 온라인 강의, 세미나, 워크숍 등을 통해 자기 계발에 힘쓸 수 있습니다.
5. 새로운 직업에 대한 탐색: 기존 직업 외에도 새로운 직업에 대해 꾸준히 조사하고, 자신의 관심사와 능력에 맞는 직업을 발견할 수 있습니다. 이를 위해 네트워킹, 인턴십, 자원봉사 등 다양한 경험을 쌓는 것이 도움이 됩니다.
6. 건강 관리: 건강한 신체와 정신 상태를 유지하는 것이 중요합니다. 규칙적인 운동, 올바른 식습관, 충분한 휴식 등을 통해 건강을 관리하면 업무 수행 능력과 적응력이 향상됩니다.
7. 멘토링 및 도움 요청: 자신의 경험과 지식을 공유하며, 동시에 나이가 어린 세대로부터 새로운 지식과 시야를 배울 수 있는 멘토링 활동을 통해 성장할 수 있습니다. 도움을 요청하고, 다양한 연령대와 배경을 가진 사람들과 협력하여 지식과 경험을 공유하는 것이 중요합니다.

8. 개인 브랜딩 및 네트워킹: 자신의 전문 지식과 능력을 다른 사람들에게 알리는 것이 중요합니다. 이를 위해 온라인 및 오프라인 네트워킹 활동에 참여하고, 자신의 경험과 전문성을 강조하는 개인 브랜딩을 구축할 수 있습니다.
9. 긍정적 태도 유지: 변화에 대한 두려움이나 불안을 이겨내는 것이 중요합니다. 자신의 능력과 잠재력을 믿고, 변화를 기회로 받아들이는 긍정적인 태도를 유지하면 새로운 시대에도 지속적으로 성장할 수 있습니다.
10. 유연성 및 적응력 향상: 새로운 업무 환경이나 기술 변화에 대한 유연성과 적응력을 향상시키는 것이 중요합니다. 변화에 대응하는 데 필요한 자세와 역량을 갖추면, 새로운 시대에서도 적응하고 성공할 수 있습니다.

이러한 방법들을 통해 40대 이상의 사람들은 AI가 인간의 일을 많이 대체하는 시대에도 계속해서 일하고 발전할 수 있습니다. 변화와 도전에 대한 적극적인 자세와 지속적인 노력을 통해 기존 경력을 확장하거나 새로운 직업 분야로 진출할 수 있습니다.

평생 배운다는 생각으로 새로운 기술을 습득하고 탐색할 것. 이것을 가장 중요하게 강조한다. ChatGPT를 활용해 무언가를 해보려는 시도 또한 'AI 시대를 대비'하는 지혜이다. 다음 꼭지에서는 '제2의 진로 탐색'에 ChatGPT를 활용해 어떤 도움을 받을 수 있을지 알아보자.

"희망 없는 시대는 없다. 희망이 없는 사람만 있을 뿐이다." - Unknown

2.2 ChatGPT가 알려주는 진로 탐색 아이디어

개개인의 상황에 맞춰 질문을 하면 진로 탐색에 도움을 받을 수 있다. 예를 들어 영희라는 가상의 인물을 설정하여 구체적으로 질문을 해보았다.

질문

영희님은 43세의 여성. 아이를 키우느라 3년간 일을 쉬었어요. 이전에는 동네 의원에서 간호사를 했습니다. 간호사로 다시 취업하지는 않을 건데, 어떤 직업을 가지면 좋을까요?

영희님의 상황을 고려할 때, 새로운 직업을 찾기 위해 그녀의 기존 간호사 경험과 다양한 능력을 활용할 수 있는 방법을 생각해 볼 수 있습니다. 다음은 영희님이 고려해볼 수 있는 몇 가지 직업 제안입니다.

1. 건강 관리 컨설턴트: 영희님의 간호사 배경을 활용하여 건강 관리 컨설팅 업계로 진출할 수 있습니다. 이러한 직업에서 영희님은 개인이나 기업을 대상으로 건강 관리 및 건강한 생활 습관에 대한 조언을 제공할 수 있습니다.
2. 의료 서비스 관리자: 영희님은 의료 기관의 운영 및 관리 업무를 담당하는 의료 서비스 관리자로서 경력 전환을 고려할 수 있습니다. 이 직업은 영희님의 의료분야 경험과 기존의 간호사 역량을 활용하여 효과적으로 업무를 수행할 수 있습니다.

3. 의료기기 판매 및 마케팅: 의료기기 판매 및 마케팅 분야에서 일하면서, 영희님은 간호사로서 얻은 전문 지식을 활용하여 고객에게 적합한 제품을 추천하고 판매 전략을 수립할 수 있습니다.
4. 건강 교육 및 훈련 강사: 영희님은 건강 교육 및 훈련 프로그램을 개발하고 진행하는 강사로 활동할 수 있습니다. 이를 통해 영희님은 다른 사람들에게 건강과 관련된 정보와 기술을 전달하며, 그녀의 전문 지식을 공유할 수 있습니다.
5. 홈 헬스케어 서비스: 영희님은 홈 헬스케어 서비스를 제공하는 사업을 시작할 수도 있습니다. 이를 통해 영희님은 환자들의 집에서 간호 서비스를 제공하며, 동시에 일과 가정을 균형 있게 유지할 수 있습니다.

이러한 직업 제안 중에서 영희님은 자신의 관심사와 능력에 가장 적합한 직업을 선택하여 새로운 경력을 시작할 수 있습니다.

만약에 최신 정보를 찾고자 한다면 빙 챗에 물어볼 수 있다. 이것은 빙의 대답이다.[6]

영희님은 간호사로 일한 경험을 가지고 계시군요. 그런 경험은 다른 직업에서도 많이 활용할 수 있습니다.

간호사로 일한 경험을 활용할 수 있는 직업으로는 다음과 같은 것들이 있습니다:

* 제약회사 취업: 의약품의 개발, 연구, 판매 등에 관여할 수 있습니다. 의료지식과 커뮤니케이션 능력이 필요합니다.

6 빙의 대답에는 출처가 포함된다. 답변 예시이므로 출처는 따로 표기하지 않았다.

* 국제의료구호단체 근무: 국경없는 의사회, 코이카, 유니세프 등의 단체에서 간호사로 일할 수 있습니다. 해외에서 의료 서비스를 제공하거나 지원하는 역할을 합니다. 외국어 능력과 적응력이 필요합니다.
* 요양원/산후조리원 근무: 노인이나 산모의 건강 관리와 생활 지원을 해주는 업무를 합니다. 인간미와 성실성이 필요합니다.
* 사립학교/어린이집 보건교사: 학생들의 건강검진과 보건교육을 담당하는 역할을 합니다. 교직 이수가 필요합니다. 아동에 대한 이해와 사랑이 필요합니다.
* 방문간호사: 환자의 집에 방문하여 치료와 간호를 해주는 업무를 합니다. 자동차 운전면허가 필요합니다. 독립적인 판단력과 문제해결 능력이 필요합니다.
* 기업체보건관리자: 기업의 임직원들의 건강 관리와 안전관리를 담당하는 역할을 합니다. 기업문화에 대한 이해와 리더십이 필요합니다.

영희님이 원하시는 직업 분야가 있으신가요?

이렇게 ChatGPT와 빙의 대답을 같이 병행하면서 참조하면 좋다. 더 궁금한 부분은 추가로 질문하며 보완하면 된다. 나이 때문에 재취업하기 어렵다는 불안감이 올라올 때는 어떻게 하면 좋을지에 대해서 물어볼 수 있다.

또 하나의 예로, 창업을 계획할 때도 도움을 받을 수 있다. 일찍 퇴직하고 서울에서 치킨집을 열 계획을 하고 있다고 해보자. '퇴직금 받은 걸로 한국 서울에서 치킨집을 열어보려고 합니다. 성공하기 위한 조언, 실패하지 않기 위해 주의해야 할 점 등에 대해서 알려주세요'라고 질문하니 이렇게 대답해준다.

서울에서 치킨집을 창업하고 성공하기 위한 조언과 주의해야 할 점은 다음과 같습니다.

1. 위치 선정: 치킨집의 성공 여부를 결정하는 가장 중요한 요소 중 하나는 위치입니다. 학교, 회사, 주거 지역 등 고객 유입이 활발한 곳을 선정하세요. 경쟁이 치열한 지역에서는 차별화된 메뉴나 서비스를 제공해야 합니다.
2. 메뉴 개발 및 품질 관리: 독특하고 맛있는 치킨 메뉴를 개발하고, 지속적으로 품질을 유지하여 고객의 니즈를 충족시키세요. 식자재를 신선하게 유지하고, 음식 조리 및 보관 방법을 철저하게 관리해야 합니다.
3. 마케팅 전략: 소셜 미디어, 전단지, 지역 언론 등 다양한 채널을 활용하여 치킨집의 홍보를 계획하세요. 특별한 이벤트나 프로모션을 통해 고객의 관심을 끌 수 있습니다.
4. 고객 서비스: 치킨집 직원들이 친절하고 전문적인 서비스를 제공하도록 교육하세요. 고객 만족도를 높이면 단골 고객을 확보하고 입소문을 통한 홍보 효과를 기대할 수 있습니다.
5. 경영 관리: 원가 계산, 매출 분석, 인건비 관리 등 치킨집 경영에 필요한 모든 부분을 철저히 관리하세요. 필요한 경우 전문가의 도움을 받아 재무 상태를 개선할 수 있습니다.
6. 현실적인 기대치: 창업 초기에는 수익이 생기기까지 시간이 걸릴 수 있습니다. 현실적인 기대치를 가지고 인내심을 가지고 운영해야 합니다.
7. 법규 준수: 식품위생법, 영업권 관련 법규 등 치킨집 운영에 관련된 모든 법규를 준수하세요. 위반 시 과태료, 영업 정지 등의 처벌을 받을 수 있습니다.

질문

한국 서울에는 치킨집이 많아요. 성공하려면 차별화된 컨셉도 중요한데, 차별화할 수 있는 컨셉 아이디어를 알려주세요.

이렇게 추가 질문을 하니 컨셉 아이디어까지 제공해준다.

1. 건강 치킨: 천연 재료를 사용하거나, 로스트 치킨처럼 기름을 최소화한 메뉴를 개발하여 건강을 추구하는 고객층을 끌어들이세요.
2. 융합 메뉴: 한국 전통 치킨과 외국의 특색 있는 요리를 결합한 독특한 메뉴를 개발하세요. 예를 들어, 멕시코의 타코와 치킨을 조합한 치킨 타코 등이 있습니다.
3. 프리미엄 치킨: 고급 재료를 사용하거나 특별한 조리 방식을 도입하여 프리미엄 치킨 메뉴를 개발하세요. 고객들이 특별한 경험을 할 수 있는 공간을 제공하는 것도 중요합니다.
4. 친환경 치킨: 친환경적인 식자재를 사용하거나, 친환경적인 용기를 사용하여 치킨을 제공하는 것으로 친환경을 추구하는 고객을 끌어들일 수 있습니다.
5. 지역 특산물 활용: 서울 지역의 특산물을 활용한 치킨 메뉴를 개발하여 지역 특색을 살린 메뉴를 제공하세요.
6. 전문 콘셉트 치킨: 특정 주제나 콘셉트에 맞춘 치킨 메뉴를 개발하여 고객들에게 독특한 경험을 제공하세요. 예를 들어, 매운맛 전문 치킨집이나, 퓨전 치킨 메뉴 전문점 등이 있습니다.
7. 체험형 치킨집: 고객들이 직접 치킨을 튀기거나, 소스를 만들어 보는 체험 공간을 제공하여 차별화된 경험을 제공하세요.

꽤 그럴듯한 컨셉이 나왔다. 이 중에서 건강 치킨이라는 컨셉이 좋아 보였다고 해보자. 건강 치킨이라는 의미를 담은 상표명 아이디어를 달라고 하자 이렇게 이야기해준다.

1. 헬시헨(HelthyHen): 건강과 치킨을 결합한 단어로, 건강한 치킨을 강조하는 상표명입니다.
2. 그린윙스(GreenWings): 친환경적이고 건강한 치킨을 제공한다는 의미에서 '그린'과 치킨 날개를 의미하는 '윙스'를 결합한 상표명입니다.
3. 뉴트리칙스(NutriChicks): 영양소(nutrient)와 치킨(chicken)을 결합한 상표명으로, 영양 가득한 치킨을 강조합니다.
4. 팜투테이블 치킨(Farm to Table Chicken): 친환경적인 농장에서 바로 식탁까지 건강한 치킨을 제공하는 의미의 상표명입니다.
5. 에코닭(EcoDak): 친환경적이고 건강한 치킨을 제공한다는 의미에서 '에코(Eco)'와 '닭(Dak)'을 결합한 상표명입니다.

여기서 만약에 그린윙스라는 상표명이 마음에 든다면, 그린윙스의 대표 메뉴에 대한 아이디어를 달라고 추가로 요청을 한다.

그러자 허브 치킨, 오븐 구운 치킨, 퀴노아 치킨 샐러드, 유기농 치킨, 곤드레나물 치킨 등에 대한 아이디어를 전달한다. 덧붙여 허브 치킨 레시피를 알려달라고 하자 다음처럼 레시피를 알려주었다.

허브 치킨 레시피를 아래에 제공합니다. 이 레시피는 약 4인분입니다.

재료:

* 1kg 닭 (날개, 다리, 가슴살 등 부위별로 분리된 것이 좋습니다.)
* 1/4컵 올리브 오일
* 4개 대파 (송송 썬 것)
* 4쪽 마늘 (다진 것)
* 2 스프링 로즈마리
* 1/4컵 바질 (손으로 찢은 것)
* 1/4컵 타임 (잎만)
* 1/2레몬 (즙을 짜낸 것)
* 1/2컵 흰 와인
* 소금과 후추 (맛에 따라)

레시피:

1. 닭을 세척한 후 물기를 제거합니다. 소금과 후추를 뿌려 양념을 합니다.
2. 대형 팬에 올리브 오일을 두르고 닭을 중간 불에서 둘레를 바삭하게 노릇하게 구웁니다. 다 구워지면 팬에서 닭을 꺼내어 찜기에 담아둡니다.
3. 같은 팬에 대파와 마늘을 넣고 중간 불에서 약 2~3분간 볶습니다. 로즈마리, 바질, 타임을 넣고 1분 더 볶습니다.
4. 레몬즙과 흰 와인을 팬에 넣고, 약간 끓인 후 찜기에 담긴 닭에 부어 줍니다.
5. 찜기를 중간 불에 올리고, 뚜껑을 덮어 약 25~30분 동안 찜합니다. 완전히 익었는지 확인한 후 찜기에서 닭을 꺼냅니다.
6. 허브 치킨을 그릇에 담고, 찜기에 남은 소스를 부어 주세요. 필요하다면 소금과 후추로 맛을 조절하고, 상큼한 레몬즙을 뿌려 완성합니다.

이 허브 치킨 레시피는 다양한 허브를 사용하여 부드럽고 향긋한 맛을 낼 수 있습니다. 맛있게 만들어 보세요!

이런 식으로 나에게 맞춰 질문을 하며 아이디어를 얻고 탐색을 해 나가면 된다. 물론 상표명 등에 대한 아이디어를 얻고 구체적으로 해 보려고 할 때는, 기존에 그런 상표명이 나와 있는지 꼭 확인해야 한다. 구체적으로 질문을 할수록 더 유용한 답변을 얻을 수 있다.

다음은 제2의 진로 탐색을 할 때, 좀 더 유용한 답변을 얻을 수 있는 좋은 질문의 예시와 안 좋은 질문의 예시를 들어보자. 다음은 ChatGPT에 질문해서 구성한 것이다.

좋은 질문의 예시

* 42세 회계사로 일하고 있습니다. 퇴사 후 작은 카페를 창업하려고 하는데, 카페 창업에 성공할 확률을 높이기 위해 어떤 준비를 해야 하고, 고려사항에는 무엇이 있을까요?
* 52세 경영 컨설턴트입니다. 퇴사 후 IT 관련 스타트업을 창업하려고 하는데, 이런 전환을 위해 필요한 기술 및 역량은 무엇이며, 어떻게 습득할 수 있을까요?
* 40세 그래픽 디자이너입니다. 퇴사 후 온라인으로 프리랜서로 일하려고 하는데, 안정적인 수입을 얻을 수 있는 5가지 방법을 알려주세요.
* 40대에 새로운 직업을 찾을 때 고려해야 할 중요한 요소는 무엇인가요?

이런 식으로 각자의 전문 분야와 퇴사 후 계획, 구체적으로 찾고자 하는 것이 무엇인지를 물어보면 좀 더 도움이 되는 답변을 얻을 수 있다.

안 좋은 질문의 예시

* 내가 40대인데, 어떤 직업이 나에게 가장 적합한가요? (개인 상황을 정확히 파악하지 못함)
* 내가 지금 어떤 기술을 배워야 직장에서 성공할 수 있을까요? (개인의 직업 및 역할에 대한 정보 부족)
* 내 인생에서 가장 중요한 경력 개발 결정은 무엇일까요? (개인의 가치관과 목표에 대한 정보 부족)
* 내가 지금 어떤 일을 해야 새로운 직업을 찾을 수 있을까요? (개인의 경험, 역량 및 관심사에 대한 정보 부족)

막연하게 질문하면 막연한 답변이 나오므로, 좀 더 구체적으로 질문해 보자. 단, 앞서 밝혔듯이 개인정보를 자세히 노출하는 것은 위험할 수 있다.

"두려움 없이, 전진하고 새로운 문을 여십시오. 그 문 뒤에는 당신이 결코 상상하지 못한 새로운 경험들이 기다리고 있습니다." - 셰릴 샌드버그(Sheryl Sandberg)

2.3 스마트한 인턴사원; 업무 보조에서 사업 계획, 마케팅까지

앞서 치킨집 창업을 한다고 했을 때 ChatGPT가 주요한 컨셉이나 요리 레시피까지 알려줄 수 있다는 것을 보여주었다. 그렇듯 제2의 진로를 탐색하며 다양한 아이디어를 얻고, 일상의 업무 시간을 절약하고 효율성을 높이는 방법 등에 다양하게 적용할 수 있다. 마치 스마트한 인턴사원을 옆에 둔 것처럼 활용할 수 있는 방법들을 알아보자.

1. 영감, 아이디어 얻기

예를 들어 제2의 진로로 유튜브 채널을 개설해서 운영해보고 싶다고 해보자. 나의 상황을 설명하고 유튜브 채널 주제로 어떤 것이 좋을지 아이디어를 얻어볼 수 있다.

앞서 영희의 사례를 들어 질문을 해보자.

질문

영희님은 43세로 40살까지 간호사를 했어요. 지금 두 아이를 키우느라 간호사는 그만뒀어요. 영희님이 해볼 수 있는 유튜브 채널 아이디어를 10개 알려주세요.

1. 건강한 라이프스타일 팁: 간호사 출신으로 건강에 대한 지식이 많으시기 때문에, 건강한 식습관, 운동, 스트레스 관리, 잠 등에 대한 팁을 공유하는 채널을 만들어보는 것은 어떨까요?
2. 아이들을 위한 유익한 놀이: 영희님께서는 두 아이를 키우고 계시기 때문에, 아이들이 즐기면서도 유익한 지식을 습득할 수 있는 놀이를 소개하는 채널을 만들어보는 것도 좋은 아이디어입니다.
3. 국내외 여행 팁: 영희님께서는 간호사로서 국내외 여러 곳을 다녀보신 경험이 있으시기 때문에, 여행에 관련된 팁과 정보를 공유하는 채널을 만들어보는 것도 좋은 아이디어입니다.
4. 요리 레시피: 영희님께서는 건강에 대한 지식이 많으시기 때문에, 건강하면서도 맛있는 요리 레시피를 소개하는 채널을 만들어보는 것도 좋은 아이디어입니다.
5. 취미생활 팁: 영희님께서는 아이를 키우느라 바쁘시겠지만, 취미생활은 여러모로 좋습니다. 영희님의 취미생활에 관한 팁과 정보를 공유하는 채널을 만들어보는 것도 좋은 아이디어입니다.
6. 가정 교육: 영희님께서는 두 아이를 키우고 계시기 때문에, 가정 교육에 대한 팁과 정보를 공유하는 채널을 만들어보는 것도 좋은 아이디어입니다.
7. DIY 프로젝트: DIY 프로젝트는 재미있으면서도 도전적인 면이 있습니다. 영희님께서는 DIY 프로젝트에 도전하면서 그 과정을 공유하는 채널을 만들어보는 것도 좋은 아이디어입니다.

8. 건강한 스킨케어 팁: 건강한 라이프스타일을 추구하시는 영희님께서 건강한 라이프스타일을 추구하시기 때문에, 스킨케어에 대한 팁과 정보를 공유하는 채널도 좋은 아이디어입니다. 특히, 간호사 출신으로서 피부 질환과 치료에 대한 지식이 많으시다면, 이를 활용하여 피부 관리에 대한 전문적인 조언을 해주시면 독자들의 큰 도움이 될 것입니다. 또한, 천연화장품이나 기타 스킨케어 제품들에 대한 리뷰와 비교 분석 등을 제공하면서, 보다 건강하고 안전한 스킨케어를 위한 팁과 정보를 제공하는 것도 좋은 방법입니다.

9. 역사와 문화에 관한 이야기: 영희님께서는 간호사 출신으로서 의료 역사와 문화에 대한 지식이 많으실 것입니다. 이러한 지식을 활용하여 역사와 문화에 관한 이야기를 담은 채널을 만들어보는 것도 좋은 아이디어입니다.

10. 책 추천과 서평: 영희님께서는 아이를 키우시면서 책을 많이 읽으실 것입니다. 이러한 경험을 바탕으로 좋은 책을 추천하고 서평하는 채널을 만들어보는 것도 좋은 아이디어입니다.

만약에 여기서 8번 항목 건강한 스킨케어 팁에 대해서 알려주는 유튜브를 하고 싶다고 해보자. 그러면 채널명 아이디어를 추가로 물어볼 수 있다.

질문

건강한 스킨케어 팁을 알려주는 유튜브가 좋아 보입니다. 사오십 대 중년 여성들을 위해 스킨케어 팁을 알려주는 내용을 담을 겁니다. 유튜브 채널명 아이디어를 10개 알려주세요.

1. 미들 에이징 스킨케어: 중년 여성들을 위한 스킨케어 팁을 제공하는 채널로, 피부 타입, 피부 상태, 나이에 따른 스킨케어 방법 등을 소개하는 것이 좋습니다.
2. 스킨케어 피피의 미들 에이징 스킨케어: 스킨케어 전문가인 피피가 중년 여성들을 위해 건강하고 자연스러운 스킨케어 방법을 소개하는 채널입니다.
3. 뷰티 메디컬: 건강한 스킨케어 팁뿐만 아니라, 피부 질환 치료에 관한 정보도 제공하는 채널입니다.
4. 쿠션 뷰티: 중년 여성들을 위한 건강한 스킨케어 제품과 방법을 소개하는 채널입니다.
5. 미들이 보는 스킨케어: 40대와 50대 여성들을 대상으로 건강한 스킨케어 팁을 제공하는 채널입니다.
6. 스킨케어의 모든 것: 건강한 스킨케어 팁을 비롯하여, 화장품 선택 방법, 성분 분석, 피부 질환 예방 등에 대한 정보를 제공하는 채널입니다.
7. 스킨케어 라이브러리: 중년 여성들을 위한 스킨케어 관련 책과 리뷰, 스킨케어 방법 등에 대한 정보를 제공하는 채널입니다.
8. 미들이 좋아하는 스킨케어: 중년 여성들이 좋아할 만한 건강한 스킨케어 제품과 방법, 뷰티 트렌드 등을 소개하는 채널입니다.
9. 중년 뷰티: 40대와 50대 여성들을 대상으로 건강한 스킨케어와 메이크업 방법을 소개하는 채널입니다.
10. 스킨케어 유치원: 건강한 스킨케어 팁부터 기초적인 스킨케어 방법까지 다양한 정보를 제공하는 초보자를 위한 채널입니다.

순식간에 채널 주제와 채널명 후보가 마련되었다. 여기서 보완하고 싶은 질문들을 계속하면서 채널을 기획해보면 된다.

2. 업무의 다양한 영역에 도움받기

이번에는, 볼펜 신제품 개발을 해서 그것을 판매하려고 계획을 했다고 해보자. 고객 설문을 1차적으로 해볼 수 있을 것이다. 볼펜 신제품과 가격과 관련한 설문지를 만들어야 할 때 ChatGPT에 다음과 같이 질문할 수 있다.

질문

이번에 신제품으로 볼펜을 개발하게 됐어요. 1,000명의 고객 대상으로 '볼펜 가격에 따른 선호도'에 대한 조사를 하려고 합니다. 그 설문지를 만들어주세요.

안녕하세요! 볼펜 가격에 따른 선호도 조사 설문지를 만들어드리겠습니다.

1. 볼펜을 사용하시나요?

( ) 예 ( ) 아니오

2. 볼펜을 사용한다면, 얼마나 자주 사용하나요?

( ) 매일 ( ) 주 2~3회 ( ) 월 1~2회 ( ) 그 이하

3. 볼펜의 가격대는 어느 정도를 선호하나요? (다중응답 가능)

(중략)

15. 볼펜을 구매할 때, 다음 중 구매 전 확인하는 정보는 무엇인가요? (다중응답 가능)

( ) 제품 리뷰 ( ) 제조사 정보 ( ) 제품 성능 정보 ( ) 제품 사진 ( ) 기타(____)

놀랄 정도로 자세하게 답변해준다. 설문에서 생각지도 못한 아이디어까지 주었다. 이번에는 리서치 회사를 창업해서, 미디어 동향에 대한

연구 기획서를 써야 한다고 해보자. 최신 자료는 빙 챗에서 물어보는 게 좋다. '넷플릭스 영화 인기순으로 탑10을 알려주세요' 그러면 출처와 함께 다음과 같은 정보를 알려준다.[7]

넷플릭스 영화 인기순으로 탑10을 알려드리겠습니다.

넷플릭스 영화의 인기도는 다양한 기준으로 측정할 수 있습니다. 여기서는 넷플릭스가 공식적으로 발표하는 글로벌 영화 탑10 리스트와 로튼 토마토스의 평점을 기준으로 선정된 넷플릭스 베스트 영화 100선을 참고하겠습니다.

넷플릭스 글로벌 영화 탑10 리스트는 매주 월요일부터 일요일까지 전 세계 회원들이 각 영화를 시청한 총 시간을 기준으로 순위를 매깁니다. 2023년 3월 13일 기준으로 다음과 같습니다.

1. Luther: The Fallen Sun (Netflix): 넷플릭스 오리지널 영화로, 루터라는 이름의 전설적인 암살자가 자신의 과거를 추적하는 이야기입니다.
2. World War Z: 브래드 피트가 주연한 좀비 대재앙 영화로, 전 세계를 위협하는 좀비 바이러스의 근원을 찾아가는 이야기입니다.
3. Turbo: 꿈이 빠른 달리기인 달팽이가 인디애나 폴리스 500에 출전하는 모험을 그린 애니메이션 영화입니다.
4. The Hunger Games: 제니퍼 로렌스가 주연한 인기 SF 영화로, 미래의 붕괴된 미국에서 매년 열리는 죽음의 게임에 참여하는 이야기입니다.

7 빙 챗의 답변에서 출처는 따로 표시하지 않았다.

5. The Hunger Games: Catching Fire : The Hunger Games의 속편으로, 죽음의 게임에서 살아남은 주인공들이 반란을 일으키는 이야기입니다.
6. Faraway (Netflix): 넷플릭스 오리지널 영화로, 우주 탐사선에 갇혀버린 우주 비행사들이 생존을 위해 싸우는 이야기입니다.
7. Burlesque: 크리스티나 아길레라와 셰르가 주연한 뮤지컬 영화로, 작은 도시에서 나와 버를레스크 클럽에서 스타가 되고 싶은 여성의 이야기입니다.
8. The Hunger Games: Mockingjay Part 1 : The Hunger Games의 제3부 작품으로, 반란군들과 정부군들 사이의 전쟁이 시작되는 이야기입니다.
9. The Hunger Games: Mockingjay Part 2 : The Hunger Games의 마지막 작품으로, 반란군들과 정부군들 사이의 전쟁이 절정에 달하는 이야기입니다.
10. The Conjuring: 제임스 완이 감독한 인기 공포 영화로, 집안에 나타난 악령을 몰아내기 위해 초자연 현상 전문가 부부를 불러오는 이야기입니다.

위의 영화를 감독, 주요 배우, 상영시간을 넣어서 표로 정리해달라고 하니 다음처럼 보여주었다.

네, 각 작품의 감독, 주요 배우, 상영시간을 함께 넣어 정리하겠습니다.

순위	영화 제목	감독	주요 배우	상영시간
1	Luther: The Fallen Sun	Jamie Payne	Idris Elba, Cynthia Erivo	120분
2	World War Z	Marc Forster	Brad Pitt, Mireille Enos	116분
3	Turbo	David Soren	Ryan Reynolds, Paul Giamatti	96분
4	The Hunger Games	Gary Ross	Jennifer Lawrence, Josh Hutcherson	142분
5	The Hunger Games: Catching Fire	Francis Lawrence	Jennifer Lawrence, Josh Hutcherson	146분
6	Faraway	James Gray	Brad Pitt, Tommy Lee Jones	123분
7	Burlesque	Steve Antin	Christina Aguilera, Cher	119분
8	The Hunger Games: Mockingjay Part 1	Francis Lawrence	Jennifer Lawrence, Josh Hutcherson	123분
9	The Hunger Games: Mockingjay Part 2	Francis Lawrence	Jennifer Lawrence, Josh Hutcherson	137분
10	The Conjuring	James Wan	Vera Farmiga, Patrick Wilson	112분

넷플릭스 영화 순위에 대한 빙의 답변

예를 들어, 보고서를 쓸 예정이라면 시사점을 뽑는 게 중요하다. '당신은 이제 영화평론가입니다. 영화평론가로서, 위의 작품 10가지가 특히 인기가 있었다는 것에서 어떤 시사점을 뽑을 수 있을까요?' 이렇게 질문하니 다음처럼 답변을 생성했다.

저는 다음과 같은 시사점을 뽑을 수 있다고 생각합니다.

- 넷플릭스 오리지널 영화가 글로벌 시장에서 강세를 보이고 있다. Luther: The Fallen Sun과 Faraway는 넷플릭스에서 제작한 영화로, 각각 1위와 6위에 올랐습니다. 넷플릭스는 스트리밍 서비스뿐만 아니라 영화 제작사로서도 점차 성장하고 있습니다.
- SF와 공포 장르의 인기가 높다. World War Z, The Hunger Games 시리즈, Faraway, The Conjuring은 모두 SF나 공포 장르에 속하는 영화로, 상위 10위 안에 들었습니다. 이는 현실에서의 불안과 불만을 표현하거나 해소하는 수단으로서의 영화의 역할이 커지고 있다는 것을 반영할 수 있습니다.
- 스타 배우의 힘이 여전히 크다. Brad Pitt, Jennifer Lawrence, Idris Elba 등의 유명한 배우들이 주연한 영화들이 많이 포함되어 있습니다. 이는 스타 배우의 존재가 영화의 흥행에 큰 영향을 미친다는 것을 보여줍니다.

관점에 따라 평가는 다르겠지만, 참고할 만한 시사점을 뽑아주니, 작성자가 이를 참고하여 발전시킬 수 있는 기초는 마련해준 셈이다.

엑셀 등의 프로그램에서 수행하고 싶은 함수 같은 것도 ChatGPT에 물어보면 상세하게 답변해준다. 업무에서 자동화하고 싶은 부분의 질문만 구체적으로 할 수 있다면, 그 대답도 상세하게 들을 수 있을 것이다.

3. 영상 스크립트 작성하기

앞서 예시를 든 볼펜 신제품 행사를 하게 됐다고 해보자. 간단히 볼펜에 대한 정보를 주고 이 볼펜을 소개하는 영상 스크립트를 써달라고 하면 스크립트를 써준다. 예시를 들어보자.

질문

이번에 개발한 신제품인 볼펜은 편안한 그립감, 부드럽고 일관된 잉크 흐름, 독특한 디자인을 갖고 있습니다. 이 볼펜을 소개할 30초짜리 영상 스크립트를 써주세요.

새 볼펜을 소개하는 30초 동영상의 스크립트는 다음과 같습니다.

[새 볼펜을 들고 있는 손의 시작 샷]

내레이터: 최고의 볼펜을 소개합니다.

[펜의 편안한 그립 클로즈업]

내레이터: 부드럽고 인체공학적인 그립을 갖춘 이 펜은 손에 꼭 맞기 때문에 불편함 없이 몇 시간 동안 필기할 수 있습니다.

[펜촉과 잉크 카트리지 클로즈업]

내레이터: 부드럽고 일관된 잉크 흐름을 특징으로 하는 이 펜은 쉽게 쓰고 매번 깨끗한 선을 생성합니다.

[펜의 독특한 디자인 와이드샷]

내레이터: 매끄럽고 현대적인 디자인의 이 펜은 틀림없이 사람들의 시선을 사로잡을 것이며 당신의 필수 필기구가 될 것입니다.

[펜 클로징 샷]

내레이터: 오늘 궁극의 볼펜을 손에 넣으세요.

[로고 및 제품명이 화면에 나타남]

내레이터: 지금 [제품 이름 및 회사 이름]에서 사용할 수 있습니다.

[동영상 끝]

이 스크립트를 AI 보이스를 서비스하는 툴[8]에 입력해 음성 파일을 만들고, 영상 파일을 제작해주는 AI 영상 제작 서비스 등에서 작업을 하면 데모 영상까지도 빠르게 만들 수 있다. 혹은 스크립트를 바로 AI 영상으로 만들어주는 서비스[9]도 있으므로, 이런 서비스를 활용하면 빠르게 영상 한 편을 만들 수 있다.

4. 보도자료, 보고서 쓰기, 긴 글 요약 등의 문서 작업

예를 들어 볼펜 신제품 런칭 행사에 대한 보도자료를 만든다고 해보자. 일시, 장소, 볼펜의 간단한 컨셉 등을 정리해서 보도자료를 만들어달라고 하면, 순식간에 보도자료를 만들어준다. 이런 식으로 보고서도 주제를 주고 작성하게 할 수 있고, 긴 글을 요약하는 등의 문서 작업도 할 수 있다. 예시로 보도자료를 작성해달라고 하자 기사를 작성해주었다.

8 셀비보이스, CLOVA Voice, Typecast 등의 서비스가 있다.

9 Pictory, 브이캣(VCAT) 등의 서비스가 있다.

질문 (볼펜에 대해 대화한 채팅창에서 연이어 질문을 하면, 볼펜에 대해 추가 설명 없이 위 볼펜이라고만 해도 볼펜의 특징을 인식한다.)

위 볼펜에 대한 신제품 런칭 행사를 열 예정입니다.

일시: 2023년 3월 25일

장소: 스토리위너컨벤션센터

위 볼펜에 대한 내용을 담아 런칭 행사를 알리는 보도자료를 써주세요.

새 볼펜의 출시 이벤트를 알리는 보도자료는 다음과 같습니다.

[회사 이름] [주소] [시, 주 우편번호] [전화] [이메일] [웹사이트]

즉시 출시

[시, 주] - [회사 이름]은(는) 최신 제품인 궁극의 볼펜 출시를 발표하게 되어 기쁩니다! 출시를 축하하기 위해 2023년 3월 25일 [시, 주]에 있는 Story Winner Convention Center에서 특별 이벤트를 개최합니다.

궁극의 볼펜은 완벽한 필기구를 만들기 위한 수개월 간의 연구 개발의 결과입니다. 이 펜은 부드럽고 인체공학적인 그립을 자랑하여 몇 시간 동안 편안하게 필기할 수 있으며 매 스트로크마다 깨끗하고 정확한 선을 생성하는 부드럽고 일관된 잉크 흐름을 제공합니다. 매끄럽고 현대적인 디자인으로 모든 작업 공간에 어울리는 스타일리시한 액세서리입니다.

출시 행사는 펜의 기능을 실시간으로 시연하고 직접 펜을 테스트해 볼 수 있는 기회와 제품 개발팀을 만날 수 있는 기회를 제공하는 흥미진진한 행사가 될 것입니다. 참석자들은 또한 궁극의 볼펜을 가장 먼저 구매하게 되며, 당일 구매하는 사람들에게는 독점 할인이 제공됩니다.

[Company Name]의 CEO인 [Name]은 "궁극의 볼펜을 출시하게 되어 기쁘고 사람들이 우리가 만든 것을 볼 날을 빨리 보고 싶습니다."라고 말했습니다. "저희는 이 펜이 글쓰기를 사랑하는 모든 사람에게 게임 체인저가 될 것이라고 확신하며, 이 펜을 세상과 공유하고 싶습니다."

론칭 이벤트는 대중에게 공개되며 티켓은 당사 웹사이트 또는 현장에서 구매할 수 있습니다. 궁극의 볼펜을 발견할 수 있는 이 기회를 놓치지 마세요. 그곳에서 여러분을 뵙기를 기대합니다!

자세한 내용은 [이메일] 또는 [전화]로 [이름]에게 문의하십시오.

[회사 이름]은 사람들의 삶을 향상시키는 혁신적인 제품을 전문적으로 만드는 [회사 설명]입니다. 품질, 디자인 및 유용성에 중점을 두고 고객의 기대를 뛰어넘는 제품을 제공하기 위해 최선을 다하고 있습니다.

신제품 런칭 후 행사를 열고 싶을 때, 준비물 체크리스트 등도 만들 수 있다. "신제품 런칭행사를 위해 주최 측의 준비물 리스트를 알려주세요"라고 말하면 이렇게 알려준다.

주최자가 출시 이벤트를 위해 준비해야 하는 물품 목록은 다음과 같습니다.

1. 궁극의 볼펜: 참석자가 사용해보고 구매할 수 있는 충분한 수의 펜을 준비하십시오. 여기에는 해당되는 경우 다양한 색상과 다양한 잉크 유형의 펜이 포함됩니다.

2. 디스플레이 테이블: 테이블과 스탠드를 설치하여 펜을 전시하고 매력적인 디스플레이를 만듭니다. 이 테이블은 식탁보로 덮고 로고 및 포스터를 포함한 회사 브랜딩 자료로 장식해야 합니다.
3. 시청각 장비: 출시 행사에는 연설, 시연 또는 프레젠테이션이 포함될 수 있습니다. 따라서 마이크, 스피커, 프로젝터 및 스크린과 같은 시청각 장비를 미리 준비하고 테스트하는 것이 중요합니다.
4. 표지판: 현수막, 포스터 및 안내 표지판을 포함하여 이벤트 공간 주변에서 참석자를 안내하기 위해 명확하고 매력적인 표지판을 사용합니다.
5. 마케팅 자료: 궁극적인 볼펜의 기능을 강조하고 제품 및 회사에 대한 정보를 제공하는 전단지, 브로셔 및 기타 마케팅 자료를 준비하십시오. 이러한 자료는 테이블 위에 놓거나 참석자에게 나누어 주어야 합니다.
6. 간식 및 음료: 생수, 커피, 가벼운 스낵과 같은 다과를 제공하여 참석자들이 행사 내내 만족하고 활력을 유지할 수 있도록 합니다.
7. 이름표: 참석자들이 이름표를 착용하도록 하여 이벤트에서 다른 사람들과 더 쉽게 네트워크를 형성하고 연결할 수 있도록 합니다.
8. 판매 및 결제 시스템: 행사 당일 최고의 볼펜을 구매하고자 하는 사람들을 위해 판매 및 결제를 처리할 수 있는 안정적이고 효율적인 시스템을 갖춥니다.
9. 직원 및 자원봉사자: 등록, 제품 시연 및 판매를 포함하여 행사 준비 및 운영을 지원할 직원과 자원봉사자가 충분히 있는지 확인하십시오.
10. 청소용품: 쓰레기봉투, 청소용품, 디스플레이 테이블과 스탠드를 분해하기 위한 장비를 포함하여 행사 후 청소할 준비를 하십시오.

5. 영문 이메일 쓰기

영문 이메일을 쓸 때도 사용할 수 있다.

질문

Mr. Smith에게, 보내주신 샘플을 잘 받았습니다. 확인 후 연락드리겠습니다. 고맙습니다. 는 의미의 영문 이메일을 작성해주세요.

Dear Mr. Smith,

I hope this email finds you well. I wanted to thank you for sending the samples to us. They have been received and we will review them shortly. Once we have had a chance to review the samples, we will be in touch with you to discuss further.

Thank you again for your assistance in this matter. We appreciate your time and effort.

Best regards,

[Your Name]

이에 대해 추가로 질문하며 보완한다.

추가 질문

위 메일을 조금 더 공손하게 바꿔주세요.

Dear Mr. Smith,

I hope this email finds you well. Please allow me to express my sincerest gratitude for the samples you have kindly sent us. We are pleased to confirm their safe receipt, and we will be sure to examine them thoroughly.

We understand that you have taken the time and effort to provide us with these samples, and we cannot thank you enough for your kind assistance.

We will review the samples with utmost care and attention, and we look forward to getting back to you with our feedback as soon as possible.

Once again, thank you very much for your invaluable support. If you have any further queries or concerns, please do not hesitate to reach out to us.

Best regards,

[Your Name]

이렇게 마치 인턴사원처럼 ChatGPT를 옆에 두고 여러 가지 영감을 얻거나 업무를 효율적으로 할 수 있는 방법을 알아보았다. 나의 상황에 맞게 다양하게 활용해 볼 수 있다.

※ Tip. ChatGPT를 좀 더 잘 활용하고 싶을 때 공부하면 좋을 프로그래밍 언어

여기까지 읽고 한번 활용해봤다면 'ChatGPT 대단하네' 하는 생각을 했을 것이다. 마지막으로 ChatGPT를 좀 더 활용하고 싶을 때 배워두면 좋을 프로그래밍 언어를 소개하려고 한다. ChatGPT를 좀 더 효율적으로 업무에 사용하기 위해 배워야 할 프로그래밍 언어에 대해 질문을 했을 때 추천해준 언어는 파이썬이었다. 그 이유는 다음과 같다.

ChatGPT를 활용하여 업무 효율을 높이려면 주로 자연어 처리와 관련된 작업이 많이 필요할 것입니다. 이를 위해 추천해 드리는 프로그래밍 언어는 파이썬입니다. 파이썬은 다양한 라이브러리와 모듈이 존재하며, 특히 자연어 처리와 관련된 라이브러리가 매우 풍부합니다. 예를 들어, NLTK, SpaCy, Gensim 등의 라이브러리는 텍스트 처리 및 자연어 처리 작업을 더욱 효과적으로 수행할 수 있도록 도와줍니다.

파이썬 프로그램으로 자동화할 수 있는 사례로 다음의 질문을 해 보았다.

질문

엑셀 파일에 저장된 연락처 리스트를 이용해, 수신자 이름과 직함을 적용한 이메일을 발송하는 프로그램을 자동화하는 파이썬 코드를 짜 주세요.

다음은 Excel 파일에 저장된 연락처로 이메일을 보내는 프로세스를 자동화할 수 있는 Python 코드의 예입니다.

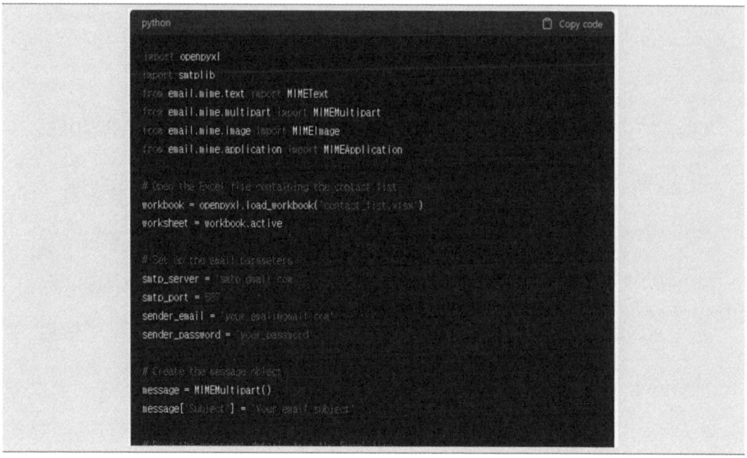

ChatGPT가 짜준 파이썬 코드 일부

코드가 길어서 짧게만 캡처를 받아보았다. 이런 식으로 바로 자동화 코드를 짜준다. 프로그래밍 언어의 기초만 알아도 코딩을 짜는 것은 ChatGPT에게 물어보면 되니, 업무를 자동화하는 데 많은 도움이 될 것이다.

2023년 3월 16일(현지 시각) 마이크로소프트는 365 코파일럿(Microsoft 365 Copilot)을 공개, 워드, 엑셀, 파워포인트 등의 자사 업무 생산성 도구 전반에 차세대 AI 기술을 적용한다고 밝혔다.[10]

대형언어모델(LLM)과 비즈니스 데이터, 마이크로소프트 365 앱을 결합해 사용자의 창의성, 생산성, 스킬 향상 등을 돕는다는 것이다.

예를 들어 워드에서 간단히 주제를 말하고, 코파일럿에게 이 주제에 대해서 글을 써달라고 하면 코파일럿이 글을 작성을 해준다는 것이

10 마이크로소프트. 마이크로소프트, 모든 업무 생산성 도구에 초거대AI 결합. 2023.03.17.

다. 파워포인트 역시 이러이러한 주제로 PPT를 만들어달라고 하면 코파일럿이 알아서 PPT를 만들어준다. 즉 ChatGPT가 워드나 엑셀 등의 도구에 들어와서 나의 업무를 바로바로 도와주는 것이다.

마이크로소프트 365 코파일럿은 모델 확장에 따라 개선하는 데 필요한 피드백을 받기 위해 현재(2023.3.20. 기준)는 소규모 고객 그룹과 테스트를 진행하고 있다. 가격 및 라이선스에 대한 자세한 내용은 곧 발표할 예정이라고 한다.

사티아 나델라 마이크로소프트 CEO는 이날 발표를 하며, "일하는 방식을 근본적으로 바꾸고, 생산성 증대의 새로운 물결을 일으킬 것"이라고 밝혔다.

2023년 3월 24일에는 한글과 컴퓨터에서도 '한컴독스'[11]에 ChatGPT를 연내 장착한다고 밝혔다. '한글'에 ChatGPT를 우선 적용하고, 문서 작성, 요약, 편집, 번역, 시각화 등 다양한 AI 기능을 제공할 예정이라는 것이다.[12]

급변하는 시대, 이미 나와 있는 AI 도구들을 먼저 활용해보고, 필요한 것을 더 배워나가려는 노력이 중요하지 않을 수 없다. 이러한 배움과 시도들은 마흔 이후의 삶을 풍요롭게 하는 데 큰 도움이 될 것이다.

"AI가 우리에게 주는 가장 중요한 것은 우리 자신에 대한 이해와 자기 개선의 기회이다."

- 페이페이 리(Fei-Fei Li)

11 한컴독스는 PC-모바일-웹 등 어떠한 환경에서도 로그인만 하면 설치형 한컴오피스와 웹 기반의 한컴오피스가 모두 제공되는 구독형 문서편집 서비스이다.

12 아이티데일리. 한글과컴퓨터, '한컴독스'에 챗GPT 장착한다. 2023.03.24.

3

내 삶의 교육 파트너가 되어줘

3.1 나를 위한 맞춤형 교육과 취미

3.2 ChatGPT와 영어, 외국어 회화 공부까지

3.3 자녀교육 도우미 ChatGPT

3.1 나를 위한 맞춤형 교육과 취미

새로운 것을 배우고 시도하는 것. AI 시대 마흔 이후의 삶을 풍요롭게 만들기 위한 필수 요소라고 할 수 있다. 그 교육 파트너로 ChatGPT를 활용하는 다양한 방법을 알아보자.

우선 나의 경력을 계발하기 위해 필요한 교육 활동을 추천받을 수 있다. 예를 들어 '48세로 퇴사 후 카페 창업을 준비하려고 하는데, 카페 창업을 하기 위해 공부할 분야'를 알려달라고 하자 다음과 같이 답을 해주었다.

카페 창업을 준비하시려는 분은 다음과 같은 분야를 공부하시면 좋을 것입니다:

1. 음식과 음료 메뉴 개발: 카페에서 판매할 음식과 음료 메뉴를 개발하는 것은 매우 중요한 일입니다. 고객들의 취향과 요구에 부합하면서도 창조적인 아이디어를 적용하여 메뉴를 제공하는 것이 좋습니다.
2. 카페 운영 관리: 카페 운영에 대한 이해가 필요합니다. 직원 관리, 고객 서비스, 위생과 안전, 재고 관리 및 회계 관리와 같은 다양한 운영적 측면을 고려해야 합니다.
3. 인테리어 디자인: 카페 인테리어는 매우 중요합니다. 고객이 편안하게 머무를 수 있도록 인테리어를 디자인하고, 브랜드 이미지와 일치하도록 하여 카페 분위기를 조성하는 것이 중요합니다.

4. 마케팅 전략: 카페가 시작되면 시장에서 인지도를 확보하는 것이 중요합니다. 마케팅 전략을 개발하고 실행하여 고객을 유치하고, 소셜 미디어 및 기타 매체를 통해 홍보하는 것이 중요합니다.
5. 경영전략 및 자금 관리: 카페 창업은 자금이 필요합니다. 경영 전략 및 자금 관리를 계획하고 실행하여 카페 창업을 성공시키는 것이 중요합니다.

위와 같은 분야들을 공부하면서, 시장과 경쟁자들의 분석과 연구도 필요합니다. 이와 더불어, 카페 창업자로서 필요한 실무 경험도 중요하며, 창업 관련 세미나나 교육 프로그램도 참여하는 것이 좋습니다.

이렇게 나의 상황에 맞춰 공부할 분야를 추천받을 수 있다. 교육 활동의 경우 최신 정보가 필요하기 때문에 빙 챗을 같이 활용하면 더 도움이 된다. 2장에서 43세의 여성, 전직 간호사인 영희가 재취업할 수 있는 분야에 관해 물어봤다. 빙 챗의 대답 중에서 기업체 보건관리자가 되기 위해 공부할 분야에 대해 물어볼 수 있다. 그러자 아래의 항목들을 이야기하며 각각의 항목에 대해 공부할 세부 내용을 소개해준다.

1. 직업 안전 및 건강 관리
2. 직장 내 건강증진 프로그램 구성 및 운영
3. 직장 내 질병 예방 및 관리
4. 보건관리 역량 강화

조금 더 현실적인 이야기를 듣고 싶다면 추가로 물어보면 된다. 구체

적으로 어떤 일을 하고 어떤 자격이 필요한지 묻자 이렇게 대답을 한다.[1]

기업체보건관리자는 사업장 근로자들의 건강 관리를 제공하는 보건전문요원입니다. 기업체보건관리자가 되기 위해서는 산업보건지도사, 의사, 간호사, 산업위생관리기사, 산업위생관리산업기사, 대기환경기사, 대기환경산업기사 등의 자격을 보유하여야 합니다.
간호사 자격이 있으시면 기업체보건관리자가 될 수 있습니다. 보건관리자의 역할은 사업장 근로자들의 건강상태를 평가하고, 질병예방과 건강증진을 위한 교육과 상담을 제공하며, 보건환경을 개선하고 관리하는 것입니다.
보건관리자가 되기 위해 공부할 분야는 보건학과 산업위생학이 주요한 분야입니다. 또한 의료법과 산업안전보건법 등의 법률지식도 필요합니다.

서비스업 사업장에 지원하려 한다고 하니 추가로 답변해준다.

서비스업 사업장에서 보건관리자가 되기 위해서는 산업안전보건법에 따라 보건관리자를 두어야 하는 사업의 종류와 상시근로자 수에 따라 선임방법이 달라집니다. 예를 들어, 음식점이나 숙박업 등의 경우에는 상시근로자 수가 50명 이상인 경우에만 보건관리자를 선임해야 합니다.

추가로 '50명 이상의 식당 보건관리자로 일하고 싶을 때 할 수 있

1 빙 챗의 답변에 표시된 각주는 따로 표시하지 않았다.

는 방법'에 대해서 질문하니 이렇게 답변을 제시했다.

50명 이상의 식당에서 보건관리자로 일하고 싶으시다면 채용공고를 찾아보시는 것이 좋습니다. 인터넷에서 식당 보건관리자 채용이라고 검색하면 다양한 공고를 확인할 수 있습니다.

예를 들어, 현재 OO회사[2]에서 보건관리자를 모집하고 있습니다. 이 회사는 서울교통공사의 자회사로서 고객안전 및 직원 건강증진 업무를 담당합니다. 산업위생관리기사 또는 간호사 자격증을 가지신 분이면 지원할 수 있습니다.

또한 OO푸드에서도 울산광역시 영업점 보건관리자를 모집하고 있습니다. 이 회사는 식품제조 및 유통업체로서 사업장 보건관리 종합 기획과 건강검진 시행 및 관리 등의 업무를 수행합니다. 산업위생관리기사 또는 간호사 자격증을 가지신 분이면 지원할 수 있습니다.

이 외에도 많은 사업장에서 보건관리자를 채용하고 있으니 관심 있으시다면 검색해보세요.

매일 내가 무엇을 공부해야 하는지에 대한 아이디어도 얻을 수 있다. 외국계 게임 개발 회사에 다니는 지인의 동료는 아래와 같은 질문을 ChatGPT에 매일 던지며, 하루에 공부할 항목 등에 대한 아이디어를 얻는다고 한다.

2 회사명을 구체적으로 말해줬으나, 이 글은 예시의 하나로 설명하는 것이기 때문에 구체적인 회사명은 표기하지 않았다.

오늘 읽을 수 있는 비디오 게임 산업에 대한 콘텐츠 5개를 알려주세요. 기사, 중간 정도 길이의 리포트, 또는 YouTube 동영상이 될 수 있습니다. 저는 모든 것이 혼합된 것을 선호합니다. 추천해줄 수 있는 가장 좋은 것으로 찾아주세요.

관심 있는 항목:

1. 일반 트렌드 (신기술, 웹3, 메타버스, AAA 게임 등)
2. 중간 또는 고급 측면의 툴 및 애플리케이션 (Unity, Unreal Engine, Virtual Production, Mocap, 3D 모델링 등)
3. 업계 뉴스 (스튜디오, 기업, M&A, 투자, 자금조달 뉴스 등)
4. 특정 산업군 뉴스 (제작, 엔지니어링, 아트, UX/디자인, QA 등)
5. 지식 추가 정보 (x가 y보다 나은 이유, x 도구를 사용하여 효율적으로 만드는 방법 등)
6. 나의 시야를 넓힐 수 있는 게임 산업의 개발 기사

이런 식으로 자신이 원하는 것을 정리해서 질문을 던져보자. 좀 더 나에게 맞는 아이디어들을 찾아줄 것이다. 취미활동도 추천받을 수 있다. 예를 들어 '나는 식물 키우는 것을 좋아하는데, 내가 해볼 수 있는 취미 5개를 추천해달라'는 식으로 물어볼 수 있다. 이 질문에 대해서는 아래와 같은 활동을 추천하며 그 이유를 설명해주었다.

1. 다육이 키우기, 2. 허브 가든 구축, 3. 식물 테라리움 제작, 4. 화훼 꽃꽂이, 5. 나무 그림 그리기

어떤 취미를 가져야 할지 모르겠다면, '나는 아직 어떤 취미를 가져야 할지 모르겠는데, 그럴 때 어떻게 하면 좋을지'에 대해서도 물어볼 수 있다. 그러자 이런 방법을 추천해주었다.

1. 취향 탐색: 인터넷, 책, 잡지 등을 통해 다양한 취미에 대한 정보를 찾아보세요. 관심 있는 분야나 활동을 리스트업하고, 각 취미의 특징과 장단점을 비교해보면 좋습니다.
2. 체험하기: 직접 취미 활동을 체험해 보는 것이 결정하는 데 큰 도움이 됩니다. 체험 클래스, 워크숍, 동호회 등에 참여하거나, 친구들과 함께 새로운 활동을 시도해보세요.
3. 점진적 시작: 처음부터 큰 규모의 취미를 시작하기보다는, 작은 규모로 시작해보세요. 예를 들어, 페인팅에 관심이 있다면 작은 스케치북부터 시작해보는 것이 좋습니다.
4. 시간과 비용 고려: 취미를 선택할 때, 시간과 비용을 고려해야 합니다. 일상에서 할애할 수 있는 시간이 얼마나 되는지 파악하고, 그 시간에 맞는 취미를 선택하세요. 또한, 예산 내에서 즐길 수 있는 취미를 찾아야 합니다.
5. 자신의 성향 파악: 자신의 성향을 파악하고, 그에 맞는 취미를 선택하는 것이 중요합니다. 혼자서 조용히 즐기는 취미를 선호하는지, 다른 사람들과 함께 활동하는 것을 좋아하는지 고려해보세요.
6. 여러 취미 시도: 한 가지 취미에 국한되지 않고, 여러 가지 취미를 동시에 시도해보세요. 그 중에서 가장 재미있고 만족스러운 취미를 찾을 수 있을 것입니다.
7. 인내와 꾸준함: 취미를 찾는 과정에서 인내와 꾸준함이 중요합니다. 취미를 찾는 데 시간이 걸릴 수 있으며, 처음부터 완벽하게 즐기기 어려울 수 있습니다. 인내심을 가지고 다양한 취미를 시도하다 보면, 자신에게 맞는 취미를 찾을 수 있을 것입니다.

취미활동을 선택할 때 고려해야 할 점에 대해서 질문했다. 그에 대한 답으로, 선호 활동 유형(활동적인 활동 혹은 조용한 활동), 사회성(사람들과 함께하는 걸 선호하는지, 혼자 하는 걸 선호하는지) 등을 알려주었다. 고려해야 할 항목을 넣어서 간단한 체크리스트를 만들어달라고 하자 이렇게 만들어주었다.

[나의 취미활동 고르기] 체크리스트

각 항목에 대해 1~5점 사이의 점수를 매겨주세요.

(1점: 전혀 동의하지 않음, 5점: 완전히 동의함)

1. 활동적인 활동을 선호한다. (예: 스포츠, 등산, 댄스)
2. 조용한 활동을 선호한다. (예: 독서, 그림 그리기, 요리)
3. 사람들과 함께하는 활동을 선호한다. (예: 동호회, 스포츠 팀, 음악 밴드)
4. 혼자 진행하는 활동을 선호한다. (예: 독서, 그림 그리기, 쓰기)
5. 창의적인 표현을 원한다. (예: 그림, 공예, 글쓰기, 음악)
6. 스트레스 해소를 중요하게 생각한다. (예: 명상, 요가, 정원 가꾸기)
7. 새로운 지식이나 기술을 배우는 것에 관심이 있다. (예: 언어 학습, 코딩, 공예)
8. 경쟁을 통해 동기부여를 얻고 싶다. (예: 스포츠, 체스, 비디오 게임)
9. 실용적인 기술이나 지식을 습득하고 싶다. (예: 요리, 정비, 소프트웨어 개발)
10. 일상에서 시간을 효율적으로 활용하고 싶다. (예: 빠른 운동, 독서, 언어 학습)

총점에 따른 취미 추천:

10~20점: 조용한 활동 중심의 취미 (독서, 그림 그리기, 공예 등)

21~30점: 창의적이면서 혼자 진행하는 취미 (사진, 글쓰기, 음악 작곡 등)

31~40점: 사회적이면서 스트레스 해소에 좋은 취미 (요가, 명상, 동호회 활동 등)

41~50점: 새로운 지식을 배우고 경쟁을 통한 동기부여를 원하는 취미 (체스, 언어 학습, 비디오 게임 등)

책 읽기, 영화, 드라마 보기 등의 취미가 있다면 관련한 작품들도 '최근에 테드창의 SF 소설들을 재밌게 읽었어요. 이것과 비슷한 소설들 5개만 추천해줄래요?' 하는 식으로 추천을 받아볼 수 있다. 이렇게 나의 상황에 맞춰 질문하며 다양한 도움을 받아본다.

"죽기 전까지는 계속해서 배우고 성장해야 합니다. 그것이 인생의 가장 큰 목적이기 때문입니다." - 엘리자베스 퀴블러-로스(Elisabeth Kubler-Ross)

3.2 ChatGPT와 영어, 외국어 회화 공부까지

ChatGPT와 하는 영어 공부도 크게 화제가 되고 있다. 회화 표현 익히기(상황별 회화 표현 만들기 등), 영어 문장 쓰기(영어 문장 묻기, 나의 영어 표현 중 틀린 철자나 문법 고치기 등), 영어에 대해 궁금한 점 묻기 등 다양한 사용이 가능하다. 심지어 크롬에서 확장프로그램을 이용하면 직접 영어로 대화를 주고받으며 학습을 할 수 있다. 영어뿐 아니라 다른 외국어 학습 또한 마찬가지 방법으로 할 수 있다. 이 글에서는 영어 학습을 예시로 들었지만, 같은 방법을 원하는 외국어 공부에 적용해보자.

1. 단어와 문장의 뜻과 차이

질문

'registered for'의 뜻을 알려주세요.

registered for는 어떤 사람이 혹은 물건이 어떤 행사, 서비스, 강좌, 혹은 프로그램 등에 등록하는 것을 의미합니다. 이것은 보통 정보를 수집하거나, 행사나 프로그램의 참가를 보장하며, 서비스나 혜택을 받을 수 있도록 하는 등의 목적으로 사용됩니다.

예를 들면, "I have registered for the conference next week"는 "나는 다음 주에 열리는 컨퍼런스에 등록했다"라는 뜻이며, "We have registered our company for the employee benefits program"는 "우리는 직원 혜택 프로그램에 회사를 등록했다"는 뜻입니다.

추가 질문

자주 쓰이는 순으로 예문을 5개만 알려주세요.

- I registered for the gym membership last week.
- Have you registered for the online webinar yet?
- She registered for the cooking class to improve her skills.
- We need to register for the conference before the deadline.
- They registered their child for the summer camp program.

질문

tell, say, talk의 차이점을 알려주세요.

---

tell, say, talk는 모두 말하다를 나타내는 동사입니다. 하지만 세 단어는 약간의 차이가 있습니다.

Tell은 누구에게 정보를 전달할 때 사용됩니다. 일반적으로 누군가에게 명시적인 정보나 지시사항을 제공할 때 사용됩니다.

예: She told me to meet her at the park.

say는 말하는 내용 자체를 나타냅니다. 이 단어는 대화에서 사람이 말하는 내용을 나타내는 것에 중점을 둡니다.

예: He said that he would be late for the meeting.

talk은 대화 자체를 나타내는 데 사용됩니다. 일반적으로 둘 이상의 사람이 서로 이야기하거나 토론하는 것을 나타냅니다.

예: We talked about our plans for the weekend.

- '도움이 되어 기쁘네요'를 실제로 많이 쓰는 순위로 다양하게 영작해주세요
- '미안해요. 내가 말하려는 의도는 그게 아니었어요'를 많이 쓰는 순위로 다양하게 영작해주세요 등 추가로 질문할 수 있다.

2. 상황별 회화 표현 만들어 연습하기

다음과 같은 질문을 하며 표현을 연습할 수 있다.

질문

미국 뉴욕 여행을 갔을 때 사용할 수 있는 영어회화 패턴 몇 개를 만들어주세요.

1. Greetings (인사)

Hello, how are you?

Good morning/afternoon/evening!

Nice to meet you!

2. Asking for Information (정보 요청하기)

Excuse me, where is the nearest subway station?

Could you tell me how to get to Central Park?

Do you have any recommendations for restaurants around here?

(하략)

3. 직접 대화하며 연습하기

상황별로 상황극을 만들어 직접 회화 연습을 해볼 수 있다.

질문

미국 여행을 온 애니와 제시카라는 두 사람이 우연히 만났어요. 두 사람의 캐릭터를 간단히 만들어주세요.

그러자 애니와 제시카의 캐릭터를 간단히 만들어준다.

애니(Annie): 27세의 미국인으로, 차분하고 친절한 성격을 가진 여성입니다. 여행을 좋아하며 새로운 문화와 사람들을 만나는 것을 즐깁니다. 또한 예술과 역사에 관심이 많아 박물관이나 미술관을 찾아다니는 것을 좋아합니다.

제시카(Jessica): 25세의 미국인으로, 활발하고 무난한 성격을 가진 여성입니다. 모험을 좋아하며 새로운 것을 시도하는 것을 좋아합니다. 스포츠를 좋아하며, 주로 하이킹이나 스노우보드 등 액티비티를 즐기며 여행을 즐깁니다. 또한 음악에 관심이 많아 현지 음악을 듣는 것을 좋아합니다.

질문

이제부터 나는 애니, 당신은 제시카입니다. 한 문장씩 서로 대화를 하는 상황극을 하려고 해요. 그렇게 해줄 수 있겠어요?

그러자 '네, 좋습니다! 시작해볼까요?'라고 대답을 한다. 그 이후에 영어로 질문을 하자 질문에 맞춰 대답을 해주었다.

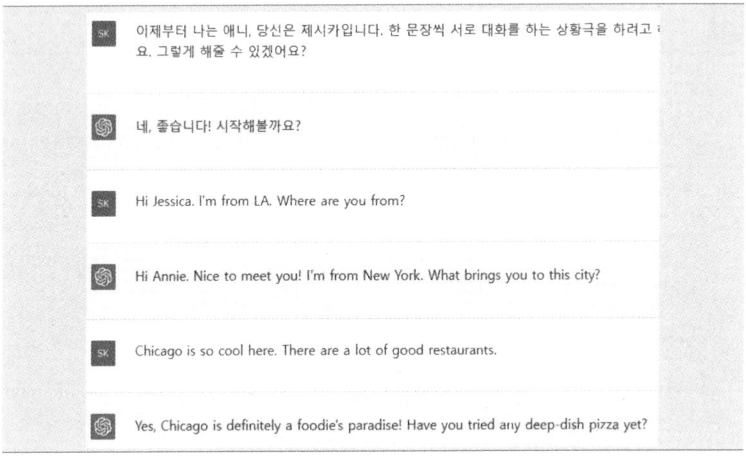

영어 상황극

직접 말로 주고받을 수 있는 크롬 확장프로그램도 있다. 'Talk-to-ChatGPT'가 그것이다. 크롬 웹스토어에서 'Talk-to-ChatGPT'를 추가해준다. 그 후 ChatGPT를 실행시키면 화면 오른쪽 상단에 다음과 같은 화면이 뜬다.

Talk-to-ChatGPT 설치된 후 ChatGPT 화면 (2023. 3. 21. 기준으로 이후 프로그램이 업데이트되면 조금 달라질 수 있다.)

START를 누르면 서로 말을 하며 대화를 할 수 있다. 앞의 문장에 이어서 영어로 말을 하자 그에 대한 답을 말하기와 함께 해준다.

나: I haven't tried it yet. I really want to eat it. Have you tried it?

ChatGPT: Yes, I have! It's a must-try when you're in Chicago. My favorite place to get deep-dish pizza is Lou Malnati's. Would you like to go there together sometime?

나: Yes I want to go there with you.

ChatGPT: Great! How about we plan to go there for dinner tomorrow night? I can make a reservation for us.

만약에 내 발음을 점검하고 싶다면 영어 발음을 체크해줄 수 있냐고 물어볼 수도 있다. 아래는 이 질문에 대한 답이다.

Don't worry, your English pronunciation is good! It's important to practice and keep improving, but you're doing great so far. Is there anything in particular you'd like to work on or practice with your pronunciation?

내 발음이 정확한지 직접 물어가며 체크받을 수 있다.

Talk-to-ChatGPT 설정 버튼

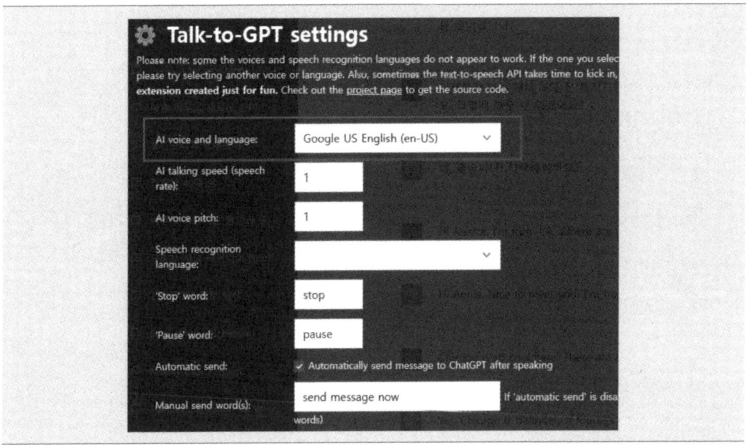

언어 세팅하기

단, 사용하기 전에 설정 버튼을 눌러서 언어를 세팅해주는 것을 잊지 말아야 한다. 말 속도를 좀 더 빠르거나 느리게 하기를 원하면 언어 속도도 조정할 수 있다. 영어뿐 아니라 스페인어, 일본어, 중국어 등도 연습할 수 있다.

4. 잘못된 표현 등 수정하기

예를 들어 다음과 같은 질문을 던져볼 수 있다.

질문

"The construction worker moved the gray big concrete block."를 설명과 함께 교정해주세요

"The construction worker moved the big gray concrete block."

이 문장은 형용사들이 크기, 모양, 색깔의 적절한 순서를 갖도록 수정되었는데, 이것은 영어에서 일반적인 관습입니다. 형용사는 설명할 대상의 일반적인 의견, 크기, 모양, 나이, 색, 기원, 재료의 순서로 배치되어야 합니다.

지금은 짧은 문장을 교정해달라고 했지만, 조금 더 긴 글을 넣어서 수정해달라고 하면 더 매끄러운 문장을 만드는 데 도움을 받을 수 있다.

이러한 방법을 자녀 교육에도 활용해볼 수 있다. 자녀가 작성한 영어 문장의 수정 보완을 부탁한다거나, 영어 학습에 좋은 간단한 문장을 매일 10가지씩 추천을 받아본다거나, 해외 여행 계획을 짜본다거나, 하는 식이다. 다음 꼭지에서는 영어 교육 외에도 ChatGPT를 자녀 교육에 활용할 수 있는 방법들을 알아보려고 한다.

"다른 언어를 배우는 것은 같은 것에 대한 다른 단어를 배우는 것뿐만 아니라, 같은 것에 대해 다르게 생각하는 방법을 배우는 것입니다." - 플로라 루이스

3.3 자녀교육 도우미 ChatGPT

1. 자녀 학습과 관련해 도움이 필요할 때

'중학교 2학년인 아들이 있어요. 게임만 좋아하고 공부는 안 하고 싶어 하는데 어떻게 공부에 대한 동기부여를 줄 수 있을까요?' 이런 식으로 질문해보았다. 그러자 이런 답변을 해주었다.

1. 관심사와 연결하기: 아들의 관심사를 찾아 공부와 연결시켜 주세요. 예를 들어, 게임을 좋아한다면 게임 개발에 필요한 수학, 과학, 프로그래밍 등과 관련된 학습 자료를 찾아주시면 도움이 될 수 있습니다.
2. 목표 설정: 아들과 함께 단기, 중기, 장기 목표를 설정하고, 그에 따른 계획을 세우세요. 이를 통해 학습에 대한 목적의식을 갖게 되고, 성취감을 느낄 수 있습니다.
3. 긍정적인 피드백: 아들의 노력과 성취에 대해 지속적으로 칭찬과 격려를 해주세요. 이를 통해 자신감을 키우고, 학습에 대한 동기를 높일 수 있습니다.
4. 일정 관리: 아들에게 일정 관리와 시간 분배의 중요성을 알려주시고, 함께 일정을 계획해보세요. 게임 시간도 일정에 포함시켜, 균형 잡힌 스케줄을 유지할 수 있도록 도와주세요.

5. 동료 학습: 아들이 친구들과 함께 공부하는 시간을 가질 수 있도록 권장하세요. 이를 통해 서로 도움을 주고받으며, 학습에 대한 긍정적인 경험을 쌓을 수 있습니다.
6. 보상 체계: 학습 목표를 달성했을 때, 아들에게 작은 보상을 제공해주세요. 이를 통해 노력에 대한 보상을 인식하고, 공부에 대한 긍정적인 인식을 형성할 수 있습니다.
7. 학습 환경 개선: 아들이 집중할 수 있는 조용하고 쾌적한 학습 환경을 제공하세요. 이를 통해 공부에 더 집중할 수 있도록 도와줍니다.
8. 부모의 모습: 부모님이 공부에 대한 긍정적인 태도를 보여주시면, 아들에게도 좋은 영향을 줄 것입니다. 꾸준한 학습을 통해 본인의 성장을 보여주며, 아들에게 좋은 모델이 되어주세요.

앞서도 말했듯 질문은 자세하고 구체적일수록 더욱 유익한 답변을 받을 수 있다. ChatGPT가 이야기하는 좋은 질문과 그렇지 않은 질문의 예시다.

[안 좋은 질문 예시]

* 아이가 공부를 안 해요, 어떻게 해야 하죠?
* 어떤 학습법이 좋아요?
* 어떻게 아이의 독서를 도와줄 수 있을까요?

[좋은 질문 예시]

* 중학교 2학년인 아이가 게임만 하고 공부에 관심이 없어요. 어떻게 공부에 흥미를 불러일으킬 수 있을까요?
* 초등학생인 딸이 수학 문제를 이해하는 데 어려움을 겪고 있습니다. 어떤 학습 전략이나 자료를 사용하면 도움이 될까요?
* 10살인 아들이 독서를 좋아하지 않습니다. 어떤 종류의 책을 추천하고, 독서 습관을 어떻게 기르게 할 수 있을까요?

좋은 질문의 공통점은 아래와 같습니다:

* 구체적인 정보를 제공: 아이의 나이, 관심사, 학습 수준 등을 명시해 주세요. 이렇게 하면 질문에 대한 대답이 더욱 특정 상황에 맞게 조절될 수 있습니다.
* 명확한 질문: 원하는 답변에 대한 명확한 질문을 제시하세요. 목적이 분명한 질문일수록 더욱 유용한 정보를 얻을 수 있습니다.
* 구체적인 주제: 특정 주제나 문제에 대한 질문을 제시하면, 전문가의 의견을 듣거나 특정 방법을 적용하는 데 도움이 됩니다.

추가로 중학생 2학년 자녀가 수학 공부에 도움을 받고 싶을 때, 좋은 질문과 안 좋은 질문의 예시를 든다면 다음과 같다.

[안 좋은 질문 예시]

* 수학이 어려워요, 어떻게 해야 할까요?
* 이 수학 문제를 어떻게 풀어야 해요?
* 수학 공부를 어떻게 해야 할까요?

[좋은 질문 예시]

* 중학교 2학년 수학에서 이차방정식 풀이법에 어려움을 겪고 있습니다. 이차방정식을 이해하기 쉬운 방법이나 학습 자료 추천 부탁드립니다.
* 이 수학 문제 '$3x^2 + 5x - 2=0$'를 어떻게 풀어야 하는지, 단계별 해설과 함께 설명해주세요.
* 중학교 2학년 수학에서 집중력을 높이고 효율적으로 학습할 수 있는 전략이나 습관이 무엇이 있을까요?

즉 수학 공부에 도움을 받고 싶다면, 자녀의 나이, 학년, 수학 공부를 할 때 어려움이 무엇인지 등을 구체적으로 명시하면 조금 더 구체적인 답변을 받을 수 있다. 아래의 활용법에서도 이 부분을 생각하며 질문을 해보자.

2. 학습 자료나 학습 전략 개발이 필요할 때

'중학교 2학년 아들의 수학 성적은 중위권입니다. 수학을 어려워하고요. 이 아이를 위한 학습자료와 학습 전략을 추천해주세요.' 앞의 질문과 연관하여 이와 같이 물어보자, 이렇게 답변해주었다.

중학교 2학년 아들이 수학을 어려워하고 있으니, 이해하기 쉬운 학습 자료와 효과적인 학습 전략을 적용해보세요. 아래의 추천사항을 참고하시면 도움이 될 것입니다.

학습 자료 추천:

1. Khan Academy (칸아카데미): 온라인으로 무료로 제공되는 학습 자료로, 다양한 난이도의 수학 강의와 연습문제를 제공합니다. 짧은 동영상 강의를 통해 개념을 명확히 이해할 수 있습니다. (https://www.khanacademy.org/)
2. 유튜브 수학 채널: 여러 수학 전문가들이 만든 유튜브 채널에서 다양한 주제와 난이도에 대한 설명과 문제 풀이를 찾을 수 있습니다. 예를 들어, '수학의 정석'과 같은 채널들이 도움이 될 수 있습니다.
3. 학습지나 문제집: 학년별로 나뉘어진 학습지나 문제집을 활용하면, 체계적으로 수학 개념을 익힐 수 있습니다. 이러한 자료는 서점이나 온라인 쇼핑몰에서 구입할 수 있습니다.
4. 수학 앱: 이해하기 쉬운 수학 개념 설명과 문제 풀이를 제공하는 스마트폰 앱을 활용해보세요. 예를 들어, 'Photomath'는 문제를 스캔하면 해답과 함께 단계별 해설을 제공해 줍니다.

학습 전략 추천:

1. 개념 정리: 수학 공부를 시작하기 전에, 아들과 함께 학습하고자 하는 개념을 정리하세요. 이를 통해 아들이 수학 개념에 대한 명확한 이해를 가질 수 있습니다.
2. 예제와 연습문제 풀이: 예제를 통해 개념을 복습한 뒤, 연습문제를 풀어보며 이해도를 점검하세요. 아들이 어려워하는 부분이 있다면 함께 문제를 풀어가며 설명해 주세요.

3. 정기적인 복습: 수학은 정기적인 복습이 중요합니다. 아들과 함께 학습한 내용을 주기적으로 복습하고, 이전에 풀었던 문제를 다시 풀어보도록 격려하세요.
4. 오답노트 작성: 아들이 틀린 문제나 어려웠던 문제를 정리하는 오답노트를 작성하도록 도와주세요. 이를 통해 아들이 자주 틀리거나 이해하기 어려운 부분을 파악하고 개선할 수 있습니다.
5. 효과적인 학습법 적용: 공부 방법을 다양화하여 아들이 수학을 재미있게 공부할 수 있도록 도와주세요. 예를 들어, 플래시카드, 마인드맵, 시각화 도구 등을 활용하여 학습할 수 있습니다.
6. 목표 설정: 아들과 함께 단기적, 중기적, 장기적 목표를 설정하세요. 목표를 달성할 때마다 성취감을 느끼고, 동기부여를 받을 수 있습니다.
7. 자신감 증진: 아들이 수학에 대한 자신감을 가질 수 있도록 격려해주세요. 작은 성취도 칭찬하고, 도전적인 문제를 풀어보도록 격려하세요.
8. 학습 일정 관리: 아들과 함께 학습 일정을 관리하면서, 공부할 시간과 휴식 시간을 적절히 분배하세요. 이를 통해 과도한 스트레스를 피하고, 효과적으로 공부할 수 있습니다.

이러한 학습 자료와 전략을 활용하여 아들의 수학 실력 향상을 도울 수 있습니다. 아들이 어려워하는 부분에 따라 적절한 자료와 방법을 선택하여 점차 학습에 적응하도록 도와주세요.

이제 필요한 부분을 추가로 질문하며 보완한다. 최신 정보를 얻고 싶다면 빙 챗에 물어보며 보완할 수 있다. 목표 설정의 예시를 들어달라고 하자 이렇게 예시를 들어주었다.

목표 설정은 아이의 실력, 성향, 현실적인 가능성을 고려하여 세분화되고 구체적인 목표를 세우는 것이 중요합니다. 목표 설정 예시는 다음과 같습니다.

단기 목표 (1주 ~ 1달)

* 이번 주 안에 이차방정식 개념을 완전히 이해하고, 20개 이상의 연습 문제를 풀어보기
* 다음 주까지 삼각비 개념을 학습하고, 기본 문제 10개를 정확하게 풀 수 있도록 연습하기
* 이번 달 안에 모든 중학교 2학년 수학 과목에서 중간고사 범위 복습 완료하기

중기 목표 (1 ~ 6개월)

* 이번 학기 중간고사에서 수학 성적 10% 이상 개선하기
* 3개월 안에 중학교 2학년 수학 과목 전체 복습 완료하고, 모의고사 5회 이상 풀기
* 이번 학기 말까지 수학 프로젝트 혹은 과제물에 최선을 다해 높은 점수 획득하기

장기 목표 (6개월 이상)

* 이번 학년 말까지 수학 성적 상위권에 도달하기
* 중학교 졸업 전까지 수학에 대한 자신감과 기본기를 향상시키기
* 고등학교 입학 시, 원하는 과를 선택하여 수학 기초를 바탕으로 더욱 성장하기

이러한 목표 설정은 아이의 동기부여를 높이고, 학습 계획을 체계적으로 세울 수 있게 돕습니다. 목표를 세울 때는 구체적이고 현실적인 수준을 고려하면서, 아이의 의견을 듣고 함께 설정하는 것이 좋습니다. 이를 통해 아이가 목표에 대한 소유감을 가지게 되어, 학습에 더욱 힘쓸 것입니다.

3. 숙제, 과제 수행에 도움이 필요할 때

어려워하는 과제를 푸는 데도 도움을 받을 수 있다. 아래는 ChatGPT가 알려준 숙제 도움을 받을 수 있는 예시이다.

예시 1: 수학 숙제 도움

문제: 이차 방정식 $x^2 - 5x + 6 = 0$의 해를 구하시오.

해결: 이차 방정식의 근의 공식을 사용하여 해를 구할 수 있습니다. 근의 공식은 $x = (-b \pm sqrt(b^2 - 4ac)) / 2a$ 입니다. 이 경우, a = 1, b = -5, c = 6 이므로, x의 해를 구할 수 있습니다.

예시 2: 영어 숙제 도움

문제: 다음 문장을 미래 시제로 바꾸시오. She is going to the library.

해결: 문장을 미래 시제로 바꾸려면, 동사 앞에 will을 사용하고, 기본형 동사를 사용합니다. 따라서 문장은 'She will go to the library.'로 변경됩니다.

예시 3: 과학 숙제 도움

문제: 물질 X는 온도가 올라갈수록 용해도가 높아집니다. 이러한 물질의 예를 들어주세요.

해결: 물질 X의 예로는 몇 가지가 있습니다. 예를 들어, 소금(NaCl)이나 설탕(C12H22O11)은 온도가 올라갈수록 물에 더 잘 용해됩니다.

예시 4: 사회 숙제 도움

문제: 프랑스 혁명이 일어난 연도는 언제인가요?

해결: 프랑스 혁명은 1789년에 발생했습니다. 이때 프랑스의 국민들이 불만을 쌓아온 정치, 경제, 사회적 문제를 해결하려고 혁명을 일으켰습니다.

단순한 예시이지만, 시험을 보고 틀린 문제의 해답을 구한다거나, 자주 틀리는 문제의 유형을 분석해달라거나 하는 식으로도 활용이 가능하다. 다만, 국어 작문과 같은 숙제를 할 때 ChatGPT의 답변을 그대로 제출하는 것은 지양하도록 해야 한다. ChatGPT의 답변을 토대로 아이디어를 얻거나, 자기 생각을 확장하며, 새로운 관점을 찾아 숙제를 진행할 수 있게 도와주는 정도로 사용해야 한다. 이렇게 했을 때라야 자기주도학습과 문제해결 능력, 창의력을 키울 수 있기 때문이다.

4. 독서 교육에 활용하고 싶을 때

ChatGPT는 수많은 도서에 대한 정보를 가지고 있어, 독서 교육과 관련해서도 다양하게 활용할 수 있다. 다음의 내용은 ChatGPT가 이 부분에 대해 제시해준 다양한 예시들이다.

예시 1: 도서 추천

아이가 관심 있는 주제나 장르에 대해 질문하면, ChatGPT는 그에 맞는 도서 목록을 추천해 줄 수 있습니다. 이를 통해 아이는 새로운 책을 발견하고 독서를 즐길 수 있습니다.

예시 2: 책에 대한 요약 및 해석 도움

아이가 어려운 책을 읽거나 이해하기 어려운 내용이 있다면, ChatGPT에게 요약이나 해석을 물어볼 수 있습니다. 이렇게 하면 아이는 책을 더 깊이 이해할 수 있습니다.

예시 3: 작품 속 인물, 테마, 배경 등에 대한 질문

아이가 읽은 책의 인물, 테마, 배경 등에 대해 궁금한 점이 있다면, ChatGPT에게 질문할 수 있습니다. 이를 통해 아이는 작품을 더욱 세밀하게 분석하고, 작품에 대한 이해를 높일 수 있습니다.

예시 4: 독서 일지 작성 지원

아이가 독서 일지를 작성할 때, 어떤 내용을 포함해야 하는지 혹은 일지의 구성 방법에 대해 질문하면, ChatGPT는 도움을 줄 수 있습니다. 이를 통해 아이는 독서 일지 작성 능력을 향상시킬 수 있습니다.

예시 5: 책에 대한 토론 주제 제안

아이와 책에 대한 토론을 하고 싶다면, ChatGPT에게 토론 주제를 제안해달라고 요청할 수 있습니다. 이렇게 하면 아이와 책에 대한 다양한 관점을 나눌 수 있습니다.

이어서 '헤밍웨이의 노인과 바다를 같이 읽고 독서토론을 하려고 합니다. 토론 주제 10가지를 질문 형식으로 제안해주세요'라고 하자 다음과 같이 10가지 질문을 제시해주었다.

1. 인간과 자연의 관계에서 작품이 전달하고자 하는 메시지는 무엇인가요?
2. 이 작품에서 노인의 용기와 인내가 어떻게 표현되었나요? 이러한 특성이 스토리 전개에 어떤 영향을 미쳤나요?
3. 노인이 상어와의 싸움에서 실패했다고 볼 수 있나요, 아니면 다른 방식으로 성공했다고 볼 수 있나요? 그 이유는 무엇인가요?

4. 작품에서 노인과 소년의 관계는 어떠한 의미를 가지고 있나요? 이 관계가 노인의 삶에 어떤 영향을 미치고 있나요?
5. 작품 속 주요 인물인 노인이 겪는 고난과 시련이 작품 전체의 테마와 어떻게 연결되나요?

(하략)

이러한 질문을 바탕으로 토론할 주제를 뽑아 토론한다면 좀 더 재미있고 의미 있는 시간을 가져볼 수 있을 것이다.

5. 자녀와 함께 게임하듯 공부하기

자녀와 간단히 게임을 만들어 진행을 해볼 수도 있다. 예를 들어 '간단한 숫자 게임을 알려주세요'라고 하자, '숫자 야구' 게임을 즉석에서 추천해주었다.

이 게임은 두 명 이상의 플레이어가 참여하여 즐길 수 있으며, 각 플레이어는 비밀번호로 사용할 3개의 숫자를 선택합니다. 게임은 다음과 같이 진행됩니다.

1. 한 플레이어가 상대방의 비밀번호를 추측합니다.
2. 추측한 숫자가 상대방의 비밀번호와 일치하는지를 확인합니다.
3. 만약 숫자와 자리 모두 일치한다면 "스트라이크"라고 말합니다.
4. 일정 숫자만 일치한다면 "볼"이라고 말합니다.
5. 일치하는 숫자가 없다면 "아웃"이라고 말합니다.

이를 바탕으로 상대방이 몇 개의 스트라이크와 볼이 있었는지를 알려줍니다.

상대방은 이 정보를 바탕으로 다음 추측을 합니다.
이 과정을 반복하며, 상대방의 비밀번호를 맞추는 사람이 이기는 게임입니다.
이 게임은 숫자를 추측하는 과정에서 논리적 사고와 추론력이 요구되기 때문에,
두뇌를 자극하는 게임입니다.

자신과 아이, ChatGPT, 이렇게 셋이 이 게임을 하고 싶다면 다음의 질문을 해보자. '영희, 철수, 민수가 있습니다. 3명이 위의 게임을 할 거예요. 당신은 철수의 역할을 해줄 수 있겠어요?'

그러자 아래와 같이 답변하며 게임을 시작했다.

'네, 저는 철수의 역할을 맡아서 게임을 진행해드릴게요. 이번에는 제가 비밀번호를 정하겠습니다. 비밀번호는 0~9 사이의 서로 다른 숫자 3개입니다. 이제 영희, 민수, 그리고 여러분이 각각 제 비밀번호를 맞추기 위해 추측해볼 숫자 3자리를 말씀해주세요!'

또한 자녀가 좋아하는 아이돌 그룹이 있다면, 아이돌 그룹에 대한 상식 퀴즈를 만들어달라거나, 애니메이션 겨울왕국 스토리를 기반으로 한 간단한 게임을 만들어달라는 식으로 제안을 하면 바로 만들어주기도 한다. 최신 정보가 필요한 경우에는 빙 챗에 물어보는 게 좋다.

* 참고로 https://mpost.io/10-best-games-to-play-with-chatgpt/ 이 사이트에서는 ChatGPT에서 할 수 있는 다양한 게임을 제안하고 있다.

6. 동기부여와 시간 관리하기

예를 들어, '중학교 3학년 딸이 ChatGPT를 활용해 공부에 대한 동기부여를 할 수 있는 방법을 구체적인 예시와 함께 설명해달라'고 해보았다. 그랬더니 다음과 같은 방법을 알려주었다.

예시 1: 관심사와 연계한 학습 자료 찾기

딸의 관심사를 ChatGPT에게 질문하고 그와 관련된 학습 자료를 찾아주세요. 예를 들어, 딸이 영화를 좋아한다면, 영화에 관련된 영어 표현이나 역사적 배경을 학습하는 것이 도움이 될 수 있습니다.

예시 2: 학습 계획 및 목표 설정

ChatGPT에게 딸의 학습 계획을 물어보고, 그에 따른 목표를 설정할 수 있습니다. 예를 들어, 단기 목표로는 다음 시험에서 A등급을 받는 것, 장기 목표로는 대학 진학 등이 될 수 있습니다. 목표를 설정함으로써 딸은 공부에 대한 동기를 얻을 수 있습니다.

예시 3: 시간 관리 및 학습 효율성 향상

ChatGPT에게 시간 관리 전략이나 학습 효율을 높이는 방법을 질문하고, 딸과 함께 이를 실천해 보세요. 이를 통해 딸은 공부에 대한 부담을 줄이고, 학습 성과를 높일 수 있습니다.

예시 4: 적절한 보상 시스템

딸이 학습 목표를 달성했을 때 적절한 보상을 제공하세요. ChatGPT에게 딸에게 어떤 보상이 적절한지 물어보고, 이를 실행하실 수 있습니다. 이렇게 하면 딸은 목표 달성에 대한 성취감과 함께 공부에 대한 동기를 얻을 수 있습니다.

예시 5: 학습 동기와 관련된 도서나 영화 추천

ChatGPT에게 학습 동기와 관련된 도서나 영화를 추천받아 딸과 함께 감상하세요. 이를 통해 딸은 공부에 대한 영감과 동기를 얻을 수 있습니다.

예시 6: 스스로 진도 체크

딸이 공부한 내용을 스스로 점검할 수 있도록 ChatGPT에게 문제를 요청하고, 그 문제를 통해 자신의 이해도를 체크할 수 있도록 도와주세요. 이를 통해 딸은 스스로의 성장을 확인하며 동기를 얻을 수 있습니다.

예시 7: 긍정적인 피드백 제공

딸이 공부한 내용에 대해 ChatGPT를 통해 긍정적인 피드백을 받을 수 있도록 도와주세요. 이러한 긍정적인 피드백을 통해 딸은 자신감을 얻고, 공부에 대한 동기를 더욱 높일 수 있습니다.

위에서 제시한 내용에 대해 ChatGPT가 알려준 구체적인 활용 사례를 들어보자.

사례 1: 영어 작문 과제

딸이 영어 작문 과제를 완료한 후, ChatGPT에게 그 작문을 검토해달라고 요청하세요. ChatGPT가 작문을 검토하면서 잘한 부분과 개선할 부분을 제시해 줄 것입니다. 딸이 잘한 부분에 대해 칭찬을 하고, 필요한 경우 개선할 부분에 대한 조언도 함께 제공하세요.

사례 2: 과학 공부 진도 체크

딸이 과학 공부를 진행하면서, ChatGPT에게 해당 단원의 주요 개념과 이론을 물어보세요. 그런 다음, ChatGPT가 제공한 정보를 바탕으로 딸이 스스로 이해한 내용과 비교해 보도록 도와주세요. 이를 통해 딸은 자신의 이해도를 점검할 수 있습니다.

사례 3: 수학 문제 연습 진도 체크

딸이 수학 문제를 연습한 후, ChatGPT에게 그 문제들의 정답과 해설을 요청하세요. 딸이 스스로 정답을 확인하고, 해설을 통해 자신의 이해도와 접근 방법을 점검할 수 있도록 도와주세요. 이를 통해 딸은 수학 문제 연습의 진도를 체크할 수 있습니다.

사례 4: 역사 공부 진도 체크

딸이 역사 공부를 진행한 후, ChatGPT에게 해당 시대의 주요 사건과 인물들에 대해 물어보세요. 딸이 스스로 공부한 내용을 기억해내고, 그것을 ChatGPT가 제공한 정보와 비교해 보도록 도와주세요. 이를 통해 딸은 역사 공부의 진도를 체크할 수 있습니다.

사례 5: 독서 진도 체크

딸이 독서를 마친 후, ChatGPT에게 그 책의 주요 내용과 주제에 대해 물어보세요. 딸이 스스로 책에서 얻은 핵심 내용과 메시지를 정리하고, ChatGPT가 제공한 정보와 비교해 보도록 도와주세요. 이를 통해 딸은 독서 진도를 체크할 수 있습니다.

사례 6: 퀴즈 경쟁

ChatGPT에게 딸이 공부한 주제에 관한 퀴즈 문제를 요청하세요. 그런 다음 딸과 함께 문제를 풀어보며, 누가 더 많은 문제를 맞추는지 경쟁해보세요. 이를 통해 딸은 경쟁적 환경에서 지식을 활용하는 능력을 기를 수 있습니다.

사례 7: 영어 단어 대결

ChatGPT에게 영어 단어 리스트를 요청하고, 딸과 함께 누가 더 많은 단어의 뜻을 맞출 수 있는지 경쟁해보세요. 이렇게 함으로써 딸은 영어 단어 학습에 더 열중할 수 있습니다.

사례 8: 창의적 아이디어 경쟁

ChatGPT에게 주어진 주제에 대해 창의적인 아이디어를 요청하세요. 그런 다음 딸과 함께 누가 더 창의적인 아이디어를 생각해 낼 수 있는지 경쟁해보세요. 이를 통해 딸은 창의적 사고를 기르는 데 도움이 됩니다.

사례 9: 학습 동기부여

딸이 학습 목표를 달성할 때마다, ChatGPT에게 칭찬과 함께 작은 선물이나 상을 제공할 수 있는 방법을 물어보세요. 예를 들어, 딸이 영어 단어 100개를 외웠을 때, ChatGPT에게 그 성취를 전달하고 작은 선물이나 칭찬에는 어떤 것이 좋을지 물어볼 수 있습니다. 이를 통해 딸은 학습에 대한 동기부여를 더욱 얻을 수 있습니다.

사례 10: 창의적 사고 발휘

딸이 창의적인 아이디어나 작품을 만들었을 때, ChatGPT에게 그 아이디어나 작품에 대한 피드백을 요청하세요. ChatGPT가 제공하는 긍정적인 피드백을 딸에게 전달하고, 그 창의적 사고를 칭찬해 주세요. 이를 통해 딸은 창의력을 더욱 키울 수 있습니다.

이번에는 '중학교 3학년 딸을 위한 시간 관리 예를 들어주세요'라고 하자 다양한 예시를 들어주었다.

1. 일주일간의 스케줄러 작성하기: 딸이 학교에서 받은 숙제와 시험 일정, 학교 외부 활동 등을 고려하여 일주일간의 스케줄러를 작성합니다. 이를 통해 딸은 시간을 더욱 효율적으로 활용할 수 있습니다.
2. 학습 목표 설정하기: 딸이 하루에 달성하고자 하는 학습 목표를 설정하도록 도와주세요. 예를 들어, 딸이 하루에 영어 단어 20개를 외워야 한다면, 그 목표를 달성하기 위해 필요한 시간을 계산하고 학습 시간을 계획할 수 있습니다.
3. 우선순위 정하기: 딸이 할 일의 우선순위를 정하도록 도와주세요. 예를 들어, 딸이 시험을 앞둔 과목이 있다면, 그 과목을 우선적으로 학습하도록 계획을 세워야 합니다.
4. 적절한 휴식 시간 확보하기: 딸이 일정을 계획할 때, 적절한 휴식 시간을 확보하도록 도와주세요. 너무 많은 과제와 학습 계획은 딸의 건강에도 영향을 미칠 수 있으므로, 적절한 휴식 시간을 갖는 것이 중요합니다.
5. 일정 계획 수립 후 검토하기: 일정 계획을 수립한 후, 주기적으로 딸과 함께 일정을 검토하면서 계획에 맞게 진행하고 있는지를 확인해주세요. 이를 통해 딸은 자신의 시간을 효율적으로 활용하고, 시간 관리 능력을 발전시킬 수 있습니다.

이외에도 앞서 이야기했듯 외국어 공부를 하는 데도 도움을 받을 수 있다. 스마트한 보조 교사 한 명을 곁에 뒀다고 생각하고 다양하게 활용해보자.

"교육이란 자신의 능력을 최대한 발휘할 수 있도록 가능성을 찾아주는 것입니다."

- Unknown

4

마흔 이후 글쓰기 멘토가 필요해

4.1 ChatGPT와 함께 쉽게 시작하는 글쓰기

4장에서는 ChatGPT를 글쓰기 멘토로 활용하는 방법에 대해서 알아보려고 한다. 마흔 이후의 삶에서 '글쓰기' '책 쓰기'는 매우 중요하다. 인생의 전환점, 새로운 시작을 할 때 글쓰기가 도움이 된 경우를 많이 봐왔다.

"온라인에 사람들의 마음에 다가가는 글을 쓸 수 있는 사람이 부를 얻는다." "전문가여서 책을 쓰는 게 아니라, 책을 쓰니까 전문가로 인정을 해주더라."

몇 년 전, 책을 쓰기 위해 1인 사업가들을 만났을 때, 이런 말을 하는 분이 많았다. 이후에도 계속 1인 사업가들을 인터뷰할 때마다 듣게 되는 이야기 중에 공통점이 있다. '나만의 사업을 시작할 때 블로그 등에 온라인 글쓰기를 했다'는 점이었다. 망망대해에서 자신을 알리려면 온라인 글쓰기가 필수였다는 것이다.

나 역시 퇴사 후 300일간 매일 글쓰기를 했는데, 그 덕분에 글쓰기, 책 쓰기, 카피라이팅 등 다양한 분야에서 강사 활동도 하게 되었고, 제휴 요청도 많이 받고, 경제적으로도 더 나아질 수 있었다.

하지만 글을 처음 쓸 때면 막막해하는 분들이 많다. 이럴 때 ChatGPT에 도움받는 방법을 이야기해보려 한다. 우선 글쓰기를 쉽게 시작하는 방법에 대해서 살펴보자.

"나는 무슨 내용으로 글을 써야 할지 모르겠다."

글쓰기를 어려워하는 분들이 많이 하는 이야기이다. 이럴 때 주제에 대해서 물어볼 수 있다. '글쓰기가 어려운데 글쓰기의 주제를 추천'해달라고 하자 다음과 같이 대답해주었다.

1. 자신의 경험에 대한 이야기

* 나의 인생에서 가장 중요한 순간은 무엇인가?
* 나의 가장 힘들었던 시기에 대한 이야기
* 나의 인생에서 가장 큰 성취에 대한 이야기
* 나의 인생에서 가장 재미있었던 추억에 대한 이야기

2. 일상생활에서의 교훈

* 나의 실패 경험에 대한 이야기
* 나의 성공 경험에 대한 이야기
* 일상생활에서 겪은 사소한 일에서 얻은 교훈에 대한 이야기
* 일상생활에서의 습관이 어떻게 나의 삶에 영향을 미치는지에 대한 이야기

3. 취미와 관심사에 대한 이야기

* 내가 즐겨하는 취미나 스포츠에 대한 이야기
* 나의 관심 분야에 대한 이야기
* 나의 취미와 관심사를 통해 배운 것들에 대한 이야기
* 나의 취미나 관심사가 나의 삶에 미치는 영향에 대한 이야기

4. 여행에 대한 이야기

* 내가 다녀온 여행지의 특징에 대한 이야기
* 나의 여행 경험 중 가장 재미있었던 순간에 대한 이야기
* 나의 여행에서 배운 것들에 대한 이야기

* 여행을 다녀온 후 내게 남은 것에 대한 이야기

5. 현재 사회에 대한 이야기
   * 사회적으로 주목받고 있는 이슈에 대한 이야기
   * 나의 생각과 다른 사람들의 의견을 비교하며, 새로운 관점을 발견하는 이야기
   * 나의 세상관에 대한 이야기
   * 사회적 문제를 바라보는 나의 시각에 대한 이야기

이 중에서 '나의 인생에서 가장 중요한 순간은 무엇인가?'에 대해서 글을 써보고 싶다고 해보자. 그런데 조금 막연한 느낌이 들어 '이 주제로 글을 쓰기 위해 도움이 되는 질문'을 만들어달라고 하니 다음처럼 만들어주었다.

1. 나의 인생에서 가장 기억에 남는 순간은 무엇인가요?
2. 나의 인생에서 가장 감동했던 순간은 언제인가요?
3. 나의 인생에서 가장 큰 변화를 일으킨 순간은 무엇인가요?
4. 나의 인생에서 가장 자신감을 얻은 순간은 무엇인가요?
5. 나의 인생에서 가장 힘들었던 순간에서 배운 것은 무엇인가요?
6. 나의 인생에서 가장 큰 결정을 내린 순간은 무엇인가요?
7. 나의 인생에서 가장 자신이 되었다고 느낀 순간은 무엇인가요?
8. 나의 인생에서 가장 뜻깊었던 순간은 무엇인가요?
9. 나의 인생에서 가장 인상 깊었던 순간은 무엇인가요?
10. 나의 인생에서 가장 큰 성취를 이룬 순간은 무엇인가요?

어떤 주제로 쓰고 싶은데 생각이 잘 안 난다면 이런 식으로 도움을 받을 수 있다. 글쓰기 연습부터 하고 싶다면 연습 방법에 대해서도 물어볼 수 있다. '글쓰기를 어려워하는 사람이 쉽게 해볼 수 있는 글쓰기 연습 방법 5가지'를 알려달라고 하자 이렇게 대답을 해준다.

글쓰기를 어려워하는 사람들이 쉽게 해볼 수 있는 다양한 글쓰기 연습 방법이 있습니다. 아래는 그중 5가지 방법을 알려드리겠습니다.

1. 프리라이팅: 프리라이팅은 글쓰기 연습의 기초 중 하나로, 자유롭게 떠오르는 생각을 적어보는 연습입니다. 아무리 작은 것이라도 상관없으며, 이를 기반으로 이어지는 내용들을 발전시킬 수 있습니다.
2. 토픽 선정: 자신이 흥미있는 주제를 선정해보세요. 예를 들어, 여행, 음식, 영화, 책 등 자신이 관심 있는 주제를 선정하여 그에 대한 글을 써보세요. 자신의 관심사에 대해 글을 쓰는 것은 글쓰기에 대한 자신감을 키우는 데 큰 도움이 됩니다.
3. 스케치: 스케치는 글쓰기에 대한 첫걸음으로 매우 유용합니다. 자신이 보는 것에 대한 느낌이나 생각을 글로 표현하는 것은 쉽지 않은 일이지만, 스케치를 통해 그림으로 표현하면서 글쓰기에 대한 자신감을 키울 수 있습니다.
4. 요약: 자신이 읽은 글이나 뉴스 기사를 간단하게 요약하여 적어보세요. 이를 통해 자신이 이해한 내용을 글로 표현하는 능력을 향상시킬 수 있습니다.
5. 공감글: 자신이 생각하는 주제에 대해 다른 사람들과 공감할 수 있는 글을 써보세요. 이를 통해 자신이 생각하는 것을 다른 사람들과 공유하는 경험을 할 수 있으며, 글쓰기에 대한 자신감을 키울 수 있습니다.

이 중에서 하나 정도는 해볼 수 있겠다 하는 생각이 들 것이다. '생활하며 글쓰기 연습을 할 수 있는 5가지 방법을 알려달라'고 하자 일기 쓰기, 편지 쓰기 등의 방법도 알려준다. 글쓰기 습관을 만들어보고 싶다면 그런 부분에서도 도움을 받을 수 있다. '프리라이팅으로 10일 동안 글쓰기 습관을 만들고 싶으니 일정을 짜달라'고 하자 다음과 같이 알려주었다.

1일차: '내일 할 일'에 대해 5분 동안 자유롭게 생각하고, 이어서 5분 동안 글을 써보세요.

2일차: '나의 성격'에 대해 5분 동안 자유롭게 생각하고, 이어서 5분 동안 글을 써보세요.

3일차: '가장 좋아하는 음악'에 대해 5분 동안 자유롭게 생각하고, 이어서 5분 동안 글을 써보세요.

4일차: '나의 꿈'에 대해 5분 동안 자유롭게 생각하고, 이어서 5분 동안 글을 써보세요.

5일차: '어떤 사람이 되고 싶은지'에 대해 5분 동안 자유롭게 생각하고, 이어서 5분 동안 글을 써보세요.

6일차: '가장 기억에 남는 추억'에 대해 5분 동안 자유롭게 생각하고, 이어서 5분 동안 글을 써보세요.

7일차: '내 인생의 목표'에 대해 5분 동안 자유롭게 생각하고, 이어서 5분 동안 글을 써보세요.

8일차: '가장 두려운 것'에 대해 5분 동안 자유롭게 생각하고, 이어서 5분 동안 글을 써보세요.

9일차: '가장 좋아하는 책"에 대해 5분 동안 자유롭게 생각하고, 이어서 5분 동안 글을 써보세요.

10일차: '가장 좋아하는 영화'에 대해 5분 동안 자유롭게 생각하고, 이어서 5분 동안 글을 써보세요.

프리라이팅은 시간 제한이 있으므로, 글쓰기를 위한 고민과 부담을 줄여줍니다. 주어진 주제에 대해 5분 동안 자유롭게 생각하고 글을 쓰다보면, 글을 쓰는 데 대한 부담이 감소하고 글쓰기 습관을 가질 수 있을 겁니다.

이렇게 하나씩 따라 하다 보면 글쓰기를 좀 더 쉽게 시작할 수 있다. 글을 쓰는 게 당장 어렵다면 매일 필사할 수 있는 문장을 추천해달라고 할 수 있다.

'필사하며 글쓰기 연습을 할 수 있는 책 속의 일부 내용을 추천해주세요. 500자 이상이면 좋겠습니다'라고 하자 다음과 같이 추천해준다.

---

1. <안네 프랑크 일기> by 안네 프랑크

   1942년 6월 14일

   처음으로 일기를 쓴다. 나는 이제 이 일기가 절대적인 비밀이 되기를 바란다. 그러나 내 마음속에는 누구에게도 말할 수 없는 많은 것들이 있다. 내 인생에는 모두가 내게 주어진 역할을 하고 있다. 그러나 나는 그들이 내게서 본질적으로 떨어져 있다는 것을 느낀다. 내가 가장 가까운 친구와 심지어 내 가족조차도 내 안에 있는 나 자신을 이해하지 못한다. 그래서 나는 이 일기를 쓴다.

2. <노인과 바다> by 어니스트 헤밍웨이

그는 하루 종일 바다로 나가서 물고기를 잡았다. 오늘도 그는 일찍이 집을 떠나 바다로 나갔다. 그는 통을 메고 높은 바위 위로 올라갔다. 그리고 바다를 바라보며 이번에는 이만한 물고기를 잡아내리라고 다짐했다. 그는 깊은 호흡을 하고 바다 위를 바라보며 느긋하게 기다리기 시작했다.

3. <1984> by 조지 오웰

그는 자신이 사는 이 세상에 대해 불만을 가지고 있었다. 모든 것이 다 제어되고 있었다. 정부는 모든 것을 감시하며 자유로운 삶을 살게 해주지 않았다. 그래서 그는 반항적인 생각을 하며 위험한 일들을 계획하게 되었다. 그러나 그의 생각들도 결국은 정부에 의해 감시당할 뿐이었다.

이렇게 매일 필사할 문장을 추천받으며 연습하다 보면 글쓰기에 대한 자신감이 좀 더 커질 수 있을 것이다.

"할 수 있는 유일한 방법은 그것을 하는 것입니다." - 메이브 빈치

4.2 블로그, 유튜브, SNS 콘텐츠 제작에 활용하기

글쓰기 습관을 붙였다면 이제 블로그나 인스타그램, 유튜브 등 온라인 채널을 시작하는 게 중요하다. 온라인 채널을 시작해서 팬들을 꾸준히 모으다 보면 나를 퍼스널브랜딩할 수 있고, 최소한의 노동력만으로 자동 수익 소득을 얻는 패시브 인컴(Passive Income) 등의 수익도 따라올 수 있다. 이번 꼭지에서는 글쓰기를 어려워하는 사람들이 블로그, 유튜브, SNS 콘텐츠 제작에 활용해볼 수 있는 방법을 알아보자.

1. 채널 주제 선정 시 활용하는 방법

2장 제2의 진로 탐색 부분에서 유튜브 주제를 탐색하는 예시를 들었듯이, 내 상황을 이야기하고 주제를 추천받을 수 있다.

예시

- 46세로 초등학생, 중학생 남매를 키우는 여성
- 경영지원팀에서 근무
- 식물 키우기에 관심이 많음

이런 여성이 할 수 있는 블로그 주제 10개를 추천해주세요.

그러자 이렇게 대답을 해주었다.

1. 가족과 함께 하는 DIY 프로젝트
2. 초등학생과 중학생을 위한 학습 교재 및 교육 방법 소개
3. 사무실 생활 팁 및 업무 효율성 증진 방법
4. 여행 및 레저 활동에 관한 정보 및 경험 공유
5. 식물 관리 팁과 화분 재활용 아이디어 소개
6. 건강한 식습관과 운동 루틴에 대한 정보 및 추천
7. 가족과 함께 하는 가정 취미 생활 소개 및 공유
8. 일상에서 발견한 좋은 제품 또는 서비스 추천
9. 책 리뷰 및 독후감 공유
10. 현대인의 삶과 문화에 대한 이야기 및 생각 공유

예를 들어, 4번 항목이 마음에 든다면 '여행 및 레저 활동에 관한 정보 및 경험 공유라는 주제로 블로그를 개설하려고 할 때 블로그 제목을 10개 추천해달라'는 식으로 제목과 닉네임에 대한 아이디어를 얻어볼 수 있다.

1. 쉬어가는 삶, 휴식과 여행
2. 여유롭게 떠나는 휴양지 여행
3. 여행으로 찾는 나만의 휴식 공간
4. 자유로운 나의 여행 일기
5. 하루종일 여행 중, 여행 일기

6. 순간순간 여행, 여행 일기
7. 나만의 여행 카드로 떠나는 여행
8. 그림 같은 풍경 속으로 떠나는 여행
9. 여행으로 찾는 내 안의 평화
10. 여행으로 떠나는 힐링 시간, 여행 일기

이 중에서 1번 제목을 발전시키고 싶다면 '쉬어가는 삶, 휴식과 여행 - 이런 느낌으로 좀 더 호기심 가고 재미있는 제목을 10개 추천해달라'는 식으로 질문을 보완하며 아이디어를 발전시키면 된다.

2. 글의 서두 작성 시 활용하는 법

글을 쓸 때 가장 어려워하는 것 중 하나가 시작 부분이다. 그럴 때 질문해보자.

예를 들어 '서울 연남동에 있는 브런치 카페에 다녀왔다. 그 브런치 카페는 혼자 가도 편안한 카페다. 그 카페를 소개하는 블로그 글을 쓰려고 한다. 블로그 시작 부분을 작성해주세요.' 질문을 하니 이렇게 답을 주었다.

서울 연남동에는 혼자 가기에도 편안한 분위기의 브런치 카페들이 많이 있습니다. 그중에서도 특히 한 곳, 내가 다녀온 그 카페는 그 어떤 사람도 침입하지 않은 듯한 조용하고 아늑한 분위기로, 혼자서 책을 읽거나 작업을 할 때 딱 좋은 공간입니다. 이번에는 그 카페를 소개해드리려고 합니다.

더 짧게 요약해달라고 할 수도 있고, 길게 써달라고 추가 요청을 할 수 있다.

3. 글의 초안을 작성할 때 활용하는 법

글에서 소개할 내용에 대한 정보를 준다. 그리고 블로그 초안을 작성해달라고 할 수 있다. 앞의 예시를 토대로 추가 질문을 해보았다.

질문

서울 연남동에 있는 브런치카페를 다녀왔다. 그 브런치 카페는 혼자 가도 편안한 카페다. 거기서 맛있게 먹은 것은 토마토 오믈렛이다. 부드럽게 넘어가며 맛있었다. 그 외에도 갓 구워낸 신선한 빵들이 많다. 매일 9시까지 영업하고 월요일은 휴무일이다.

그 카페를 소개하는 블로그 글을 쓰려고 한다. 블로그 내용을 작성해 주세요.

서울 연남동에 위치한 이 브런치 카페는, 솔직히 말해서, 이제까지 다녀본 카페 중에서도 가장 편안하고 아늑한 분위기를 자랑합니다. 혼자서 가도 전혀 불편하지 않을 만큼 분위기가 좋아서, 나 혼자만의 시간을 즐기기에도 딱이에요. 또한, 이 카페에서 제공하는 음식들은 건강하면서도 맛도 굉장히 좋아서, 여러분들께 강력하게 추천하고 싶어요. 그 중에서도, 제가 이번에 시식해본 것은 바로 토마토 오믈렛이었습니다. 부드럽게 구워진 오믈렛과 신선한 토마토가 어우러져 깔끔하면서도 상큼한 맛을 느낄 수 있었습니다. 또한, 이 카페에서는 갓 구워진 신선한 빵들도 함께 제공하고 있습니다.

빵에 발라 먹는 버터와 레몬잼이 정말 맛있어서, 제 입맛에 완전히 맞았습니다. 이 카페는 매일 오전 9시까지 영업을 하고 있으며, 월요일은 휴무일이니 참고해 주세요. 이외에도 다양한 메뉴와 음료들도 준비되어 있으니, 여러분들도 꼭 한 번 방문해 보시길 추천드려요.

이 정도 초안만 있어도, 내 스타일에 맞게 수정 보완을 하며 좀 더 쉽게 글을 써볼 수 있을 것이다. 글을 쓰다가 막히는 부분이 있으면, 썼던 부분까지를 올린 후 '이어서 써달라'고 하면 문맥에 맞춰 이어서 써주기도 한다. 참고로 좀 더 친절한 어투로 써달라거나, 좀 더 짧은 단문 형식으로 힘있게 써달라고 하는 등 톤을 조정하는 것도 가능하다.

4. 유튜브 스크립트를 작성할 때

앞의 예시처럼, 서울 연남동에 있는 브런치 카페를 소개하는 유튜브 영상을 만들어본다고 해보자. 유튜브 스크립트 초안을 ChatGPT의 도움을 받아 작성해볼 수 있다.

질문

서울 연남동에 있는 브런치 카페를 다녀왔다. 그 브런치 카페는 혼자 가도 편안한 카페다. 거기서 맛있게 먹은 것은 토마토 오믈렛이다. 부드럽게 넘어가며 맛있었다. 그 외에도 갓 구워낸 신선한 빵들이 많다. 매일 9시까지 영업하고 월요일은 휴무일이다.
그 카페를 소개하는 유튜브 스크립트를 짜주세요.

안녕하세요 여러분, 오늘은 서울 연남동에 있는 혼자 가기 좋은 브런치 카페를 소개해드릴게요. 이곳은 분위기가 매우 편안하고, 혼자 가도 즐겁게 먹을 수 있는 카페랍니다.

여기서 맛있게 먹은 것은 바로 토마토 오믈렛! 부드럽게 넘어가며 입안 가득 퍼지는 맛에 정말 맛있게 먹었어요. 그 외에도 갓 구워낸 신선한 빵들이 많아서 다양한 메뉴를 즐길 수 있습니다.

또한, 이 카페는 매일 오전 9시까지 영업을 하고 월요일은 휴무일이니 방문하기 전에는 꼭 확인하고 가시길 바랍니다.

그리고, 카페 내부 분위기도 너무 아름다워서 이곳에서 한참을 머물고 싶었어요.

이렇게 멋진 카페를 소개해드린 것 같은데요, 만약 한 번 가보시면 좋을 것 같아요!

감사합니다.

만약에 영상 컷의 느낌 + 내레이션 형식으로 스크립트를 받고 싶다면 다음과 같이 구체적인 디렉션을 해준다.

질문

서울 연남동에 있는 브런치카페를 다녀왔다. 그 브런치 카페는 혼자 가도 편안한 카페다. 거기서 맛있게 먹은 것은 토마토 오믈렛이다. 부드럽게 넘어가며 맛있었다. 그 외에도 갓 구워낸 신선한 빵들이 많다. 매일 9시까지 영업하고 월요일은 휴무일이다.

그 카페를 소개하는 영상 스크립트를 짜주세요. 영상 스크립트의 형식은 아래의 볼펜을 소개하는 스크립트 형식을 참조해주세요.

[새 볼펜을 들고 있는 손의 시작 샷]

내레이터: 최고의 볼펜을 소개합니다.

[펜의 편안한 그립 클로즈업]

내레이터: 부드럽고 인체공학적인 그립을 갖춘 이 펜은 손에 꼭 맞기 때문에 불편함 없이 몇 시간 동안 필기할 수 있습니다…….

아래는 이에 대한 ChatGPT의 답변이다.

영상 주제: 브런치 카페의 매력적인 메뉴와 분위기

나래이션: 안녕하세요. 오늘은 서울 연남동에 위치한 브런치 카페를 소개해드릴게요. 이곳은 혼자 가도 편안하고, 친구들과 함께 브런치를 즐길 수 있는 카페입니다. 이곳에서 맛있게 먹은 것은 토마토 오믈렛이었는데, 입안에서 부드럽게 넘어가는 맛이 일품이었습니다. 또한, 갓 구워낸 신선한 빵들도 굉장히 맛있었습니다. 이곳에서는 브런치 메뉴 뿐만 아니라 다양한 디저트 메뉴도 즐길 수 있습니다. 이 카페의 분위기도 매우 아늑하고, 조용한 분위기를 자랑합니다. 이곳에서 한 시간, 혹은 한 오후를 보내는 것도 좋을 것 같습니다. 이제 이 카페의 메뉴와 분위기를 함께 살펴보겠습니다.

[카페 내부의 분위기 촬영]

내레이터: 이곳은 조용한 분위기와 아늑한 인테리어가 매력적인 곳입니다. 이곳에서 커피와 함께 브런치를 즐기면서 한가로운 시간을 보낼 수 있습니다.

[음식 사진 촬영]

내레이터: 이 카페에서는 다양한 메뉴를 즐길 수 있습니다. 브런치 메뉴뿐만 아니라 다양한 디저트 메뉴도 준비되어 있습니다. 특히, 갓 구워낸 빵은 매우 부드러우면서도 고소한 맛이 일품입니다.

[토마토 오믈렛 사진 촬영]

내레이터: 이곳에서 맛있게 먹은 것은 바로 토마토 오믈렛입니다. 입안에서 부드럽게 넘어가는 맛이 일품이었습니다.

[디저트 사진 촬영]

내레이터: 브런치 메뉴와 디저트 메뉴 모두 굉장히 맛있습니다. 이 카페에서는 블루베리 치즈케이크와 와플 아이스크림 등 다양한 디저트 메뉴도 맛볼 수 있으니 꼭 한 번쯤 시도해보시기를 추천합니다.

[마무리]

내레이터: 이렇게 서울 연남동에 위치한 브런치 카페를 소개해드렸습니다. 이곳에서는 토마토 오믈렛과 갓 구워낸 빵, 그리고 다양한 브런치와 디저트 메뉴들을 즐길 수 있습니다. 또한, 분위기도 아늑하고 조용한 분위기를 자랑합니다. 이번 주말 혼자, 혹은 가족, 친구와 함께 한 번쯤 방문해보시길 추천드립니다.

이렇게 초안 스크립트 아이디어를 받아서 발전시키면 더 효율적으로 일할 수 있을 것이다. 그 후 스크립트를 AI 보이스나 영상으로 만들어주는 셀비보이스, CLOVA Voice, Typecast, Pictory, 브이캣(VCAT) 등의 서비스를 활용해서 영상으로 만들면 좀 더 빠르게 영상을 완성할 수 있다.

단, 반드시 주의할 점이 있다. ChatGPT가 나온 이후 ChatGPT의 답변을 그대로 자기가 쓴 것처럼 블로그 등에 올려서 수익화를 시도한다거나 하는 일도 늘어나고 있다. ChatGPT의 답변을 그대로 올려놓다 보니 막연하고 형식적인 콘텐츠라는 느낌을 받을 때가 많다. AI에만 의존한 콘텐츠는 금세 한계가 드러난다. 전적인 의존보다는 나의 부족한 점을 보완하고, 아이디어를 얻고, 일을 더 효율적으로 만들어가는 도구로 활용해야 빛을 발한다.

"당신이 좋아하는 일에 열정을 쏟으면, 세상은 그에 상응하는 방식으로 보답해줄 것입니다." - 줄리아 차일드. 영화 <줄리 & 줄리아>[1](2009년 개봉) 속 명언

1 <줄리 & 줄리아>는 실존 주인공들을 바탕으로 한 영화이다. 주인공 줄리 파월은 당시 유명 셰프인 줄리아 차일드가 쓴 요리책 <Mastering the Art of French Cooking>에 소개된 요리 레시피를 따라 하는 도전기를 쓰는 블로그를 운영한다. 그로 인해 자존감을 회복하고 작가의 꿈까지 이루게 된다는 내용이 담겨 있다.

4.3 책 쓰기 이렇게도 해볼 수 있겠네

블로그나 유튜브를 운영하며 나만의 주제에 대한 콘텐츠들이 쌓였다면 책을 써볼 수도 있다. 가볍게 전자책 쓰기부터 도전해볼 수 있다. 책 쓰기를 할 때 도움받는 방법을 소개해본다.

1. 책 쓰기 주제 선정에 활용하는 법

ChatGPT에 아래와 같이 질문하자 자세한 답변을 해주었다.

질문

나는 이런 사람입니다.

- 잡지사에서 14년간 기자 생활을 함
- 회사를 위한 콘텐츠 마케터로 활동함
- 전자책 출판, 제작, 온라인 글쓰기에 대해 강의함

내가 출판해볼 수 있는 전자책 주제 10가지를 알려주세요.

당신이 출판해볼 수 있는 전자책 주제에는 다음과 같은 것들이 있을 수 있습니다.

- 기자의 눈으로 본 세상: 기자 생활에서 겪은 이야기와 경험 공유

- 기업 콘텐츠 마케팅 입문서: 콘텐츠 마케팅을 처음 시작하는 사람들을 위한 가이드북
- 전자책 출판 가이드: 전자책 출판을 시작하는 작가나 편집자를 위한 실용적인 팁과 조언
- 온라인 글쓰기의 기초: 온라인 글쓰기의 기초를 배우고 싶은 사람들을 위한 튜토리얼
- 글쓰기에 대한 팁과 테크닉: 좋은 글을 쓰는 데 필요한 다양한 기술과 팁 소개
- 디지털 마케팅 전략: 디지털 마케팅을 시작하고자 하는 기업이나 개인을 위한 전략 가이드북
- 전자출판의 역사와 현재: 전자출판의 발전 과정과 현재의 상황에 대한 인사이트와 분석
- 새로운 미디어의 탄생: 인터넷과 모바일 기술의 발전으로 미디어 산업이 변화하는 과정과 그 영향
- 기업 PR 전략: 기업의 PR 전략과 홍보를 효과적으로 계획하고 실행하는 방법 소개
- 매체와 기자의 관계: 언론사와 기자의 관계를 이해하고 이를 활용하는 방법에 대한 가이드북

추가 아이디어를 얻고 싶다면 '기자의 눈으로 본 세상에 대해 더 구체적으로 이야기해주세요'와 같은 질문을 이어가면 된다.

2. 책의 기획 및 목차 아이디어에 활용하기

위의 ChatGPT 대답 중 '온라인 글쓰기의 기초'라는 주제가 마음에 들었다고 해보자. 그 주제로 예상 독자 및 목차를 만들어달라고 질문할 수 있다. 우선 예상 독자층을 물어보자 이렇게 답을 해주었다.

1. 온라인 플랫폼에서 콘텐츠를 작성하고 싶은 초보자: 블로그, 소셜 미디어, 웹사이트 등 다양한 온라인 플랫폼에서 글을 작성하려는 사람들이 이 책의 주요 독자입니다.
2. 기존 작가 및 저널리스트: 이미 저술이나 저널리즘 분야에서 활동하고 있지만, 온라인 글쓰기의 특성과 기술을 더 잘 이해하고 싶어하는 사람들에게 도움이 될 것입니다.
3. 마케팅 및 광고 전문가: 디지털 마케팅, 소셜 미디어 마케팅, 콘텐츠 마케팅 등 온라인 글쓰기가 중요한 역할을 하는 분야에서 일하는 사람들이 이 책의 독자로 참여할 수 있습니다.
4. 학생들: 대학생, 대학원생, 그리고 고등학생들 중 학업 목적이나 개인적인 관심사로 온라인 글쓰기를 배우고 싶어하는 학생들이 독자층에 포함될 수 있습니다.
5. 창작자 및 프리랜서: 개인적인 작품이나 프리랜서로 활동하며 온라인 글쓰기 기술을 향상시키고 싶어하는 사람들이 이 책의 독자가 될 수 있습니다.
6. 기업 및 비즈니스 소유자: 소규모 기업이나 개인 사업자들 중, 자신의 비즈니스를 소개하거나 홍보하기 위해 온라인 글쓰기를 배우고 싶어하는 사람들이 이 책을 참고할 수 있습니다.
7. 교육자들: 교사들, 교수진, 교육 전문가들 등 온라인 교육 콘텐츠를 제작하거나 학생들에게 온라인 글쓰기를 가르치려는 사람들이 이 책의 독자가 될 수 있습니다.

이 중에서 특히 1번 독자층을 주요 대상으로 책을 써본다고 해보자. 이때 아래와 같이 질문하며 목차를 구성해달라고 할 수 있다.

질문

책 주제: 온라인 글쓰기의 기초: 온라인 글쓰기의 기초를 배우고 싶은 사람들을 위한 튜토리얼

주요 독자층: 온라인 플랫폼에서 콘텐츠를 작성하고 싶은 초보자

이렇게 책을 쓸 때 예상 목차를 구성해주세요.

---

1. 온라인 글쓰기란 무엇인가?
 * 온라인 글쓰기의 개념과 특징
 * 온라인 플랫폼에서의 콘텐츠 작성의 중요성

2. 온라인 글쓰기의 기초
 * 문법과 맞춤법
 * 글쓰기 기술과 기법
 * 제목과 부제 작성 방법

3. 컨텐츠 제작을 위한 필수 요소
 * 목적과 대상 독자 설정
 * 내용 구성 방법과 순서
 * 이미지와 그래픽 디자인 활용

4. 검색엔진 최적화(SEO)와 글쓰기
 * SEO의 개념과 중요성
 * 키워드 분석과 검색 결과에 노출되는 방법
 * SEO를 고려한 글쓰기 기술

(중략)

9. 마무리
* 온라인 글쓰기의 중요성과 필수성
* 독자에게 도움이 되는 글쓰기의 가치
* 글쓰기의 장점과 효과에 대한 요약

목차가 너무 딱딱해 보인다면 '좀 더 재치 있는 언어를 사용해 바꿔 주세요'라고 추가 질문을 하면 된다. 미리 작성한 목차가 있다면 그 목차를 입력한 후 수정 및 보완을 해달라고 요청해도 좋다.

3. 책의 초안 작성에 활용하는 법

목차까지 작성했다면 이제 글쓰기를 해야 한다. 책의 초안을 쓸 때 막막하게 느껴질 수 있다. 이럴 때에도 활용할 수 있다. 위의 목차 중에서 '온라인 글쓰기의 개념과 특징'에 대해서 글을 써달라고 하니 다음과 같이 글을 써준다.

온라인 글쓰기는 인터넷과 같은 디지털 매체를 활용하여 글을 작성하는 것을 말합니다. 디지털 시대의 발전과 함께 온라인상에서 정보를 찾고, 소통하며, 정보를 제공하는 것이 일상적인 현상이 되면서, 온라인 글쓰기 또한 매우 중요한 기술이 되었습니다.

온라인 글쓰기의 특징은 다양합니다. 먼저, 글을 작성하면서 소통의 공간을 확보할 수 있습니다. 인터넷을 통해 글을 작성하면 전 세계적인 수많은 사용자들과 소통의 기회를 갖을 수 있으며, 피드백을 받고 코멘트를 달아 다른 사람들과 의견을 나눌 수 있습니다.
(하략)

혹은 글의 시작 부분을 작성해달라거나, 글을 쓰다가 막히는 부분부터 이어 써달라거나 하는 식으로 활용해볼 수 있다.

4. 내가 쓴 글의 피드백 받기

글을 쓴 후에 수정, 보완할 부분을 물어볼 수 있다. 긴 문서를 다 입력해 넣기는 어렵고 3~4문단 정도 길이의 글을 올린 뒤 질문을 한다. 예를 들어, 내가 열고 있는 책 쓰기 프로그램 과정을 통해 출판된 책의 소개 글 피드백을 받아보았다. 직접 썼던 소개 글을 예시로 들었다.

예시

<스물아홉, 암이라는 생일선물> 책 소개
20대의 마지막 생일, 암 수술이라는 생일 선물을 받았다!
20대 위암 4기 신입사원의 투병 에세이

대기업에 입사해서 인생이 안정되려는 찰나 덜컥 위암이라는 진단을 받은 29살 신입사원의 진솔한 투병기를 담았어요.
작가님은 책을 쓰는 동안 몸이 갑자기 안 좋아지기도 해서, 병원 입원과 퇴원을 반복하기도 했는데요. 그럼에도 끝까지 포기하지 않고 원고를 쓰고 출간을 했습니다.
전자책 출간 후 교보 POD 출판으로 종이책까지 출판하게 됐어요.
암 투병을 하고 계신 분들, 나만 힘들다 느껴질 때, 위안이 되는 이야기를 듣고 싶을 때……. 읽어보면 잔잔한 감동과 희망을 느끼게 될 겁니다.

이 글을 올리고 수정, 보완할 부분을 알려달라고 했을 때 이렇게 제안해주었다.

암 수술이라는 생일 선물을 받은 29살 신입사원. 인생의 안정을 찾았던 찰나, 갑작스러운 위암 진단을 받은 그녀. 하지만 그녀는 결코 힘들어 하지 않았습니다. 투병기 동안의 모든 고통과 어려움을 극복하고, 끝까지 포기하지 않았습니다.
병원 입원과 퇴원을 반복하면서도, 그녀는 목표를 포기하지 않았습니다. 작가이자 출판가인 그녀는 책을 쓰기 위해 노력했고, 그 결과 전자책 출간을 하게 되었습니다. 하지만 그것으로 끝나지 않았습니다. 그녀는 더 많은 사람들에게 그녀의 이야기를 전하고자, 종이책 출판을 결심하게 됩니다.
암 투병을 하고 계신 분들, 나만 힘들다 느껴질 때, 위안이 되는 이야기를 듣고 싶을 때... 이 책은 그녀의 이야기를 통해, 모든 암 투병자와 그 가족들에게 위로와 희망을 전합니다. 그녀의 강한 의지와 긍정적인 마음을 통해, 우리는 힘들어도 포기하지 않고, 끝까지 희망을 잃지 않아야 한다는 것을 배우게 됩니다.
이 책을 읽으면서, 당신도 그녀처럼 자신에게 주어진 시련을 이겨내고, 더 강해질 수 있을 것입니다.

어떤 기준으로 수정, 보완했는지 묻자, 아래와 같이 그 관점을 알려 주었다.

저는 위암 4기 진단을 받은 29살 신입사원의 투병기를 소개하는 책의 소개글을 보완하고자, 다음과 같은 관점에서 수정 및 보완을 제안했습니다.

1. 강조되는 내용의 재조정: 이전 글에서는 '암 수술'이라는 생일 선물을 받은 것이 강조되어 있었습니다. 그러나 이것은 다소 부적절한 강조로 느껴질 수 있으므로, 이번에는 이것을 보완하여, '갑작스러운 위암 진단'이 그녀의 인생에 큰 충격을 주었다는 내용으로 바꿨습니다.
2. 긍정적인 내용의 강화: 이번에 수정된 글에서는, 그녀가 투병기 동안 포기하지 않고 긍정적인 마음으로 극복해나가는 모습을 강조하도록 했습니다. 또한 그녀가 책을 쓰기 위해 노력하고 출판을 했다는 내용도 강조하여, 독자들에게 희망과 용기를 줄 수 있도록 했습니다.
3. 독자 대상 내용의 추가: 이전 글에서는 '나만 힘들다 느껴질 때, 위안이 되는 이야기를 듣고 싶을 때'라는 내용만이 강조되었지만, 이번에는 '암 투병을 하고 계신 분들, 그 가족들에게 위로와 희망을 전한다'는 내용도 추가하여, 독자들에게 더욱 직접적인 메시지를 전할 수 있도록 했습니다.

총체적으로, 이번 수정과 보완에서는 보다 직관적이고 긍정적인 내용을 강조하면서, 독자들에게 더욱 직접적인 메시지를 전달하고자 했습니다.

이렇게 ChatGPT를 통해 글을 수정, 보완해나간다면 좀 더 완성도 높은 글을 만드는 데 참고할 수 있다.

5. 책 제목 아이디어를 얻고자 할 때

제목은 책의 첫인상이기 때문에 매우 중요하다. 예를 들어, 위에서 기획한 책의 제목을 추천해달라고 했을 때 이런 답을 제시해주었다.

'온라인 글쓰기의 기초'라는 전자책의 제목 아이디어 10가지는 다음과 같습니다.

- 글로벌 글쓰기: 인터넷 시대에 맞춘 쓰기 기초
- 글쓰기 콘텐츠 제작 노하우: 온라인 글쓰기의 기초
- '글'씨 미녀 되기: 온라인 글쓰기 초급부터 중급까지
- 21세기 맞춤 글쓰기 기초: 디지털 시대의 필수 역량
- 글쓰기의 진수를 깨우는 온라인 글쓰기 기초
- 스타트업 글쓰기 대바람: 온라인 콘텐츠 제작의 기초
- 빠르고 효율적인 글쓰기: 온라인에서 글 작성하는 법
- 글로벌 시대를 위한 온라인 글쓰기 기초
- 내 글을 인터넷으로! 온라인 글쓰기의 기초와 팁
- 온라인 글쓰기 기초: 글쓰는 습관이 전부다!

꽤 그럴싸하지 않은가. 예를 들어 꼭 들어가야 하는 키워드가 있다면 그 키워드를 넣어서 작성해달라고 질문할 수도 있다. '온라인 글쓰기'라는 단어를 넣어서 10가지 제목을 알려주세요, 하는 식으로 말이다. 이런 기능들만 잘 활용하면 평소 글쓰기에 어려움을 느끼는 분들이 책을 출판하는 데 도움을 받을 수 있을 것이다.

"책을 쓰는 것은 자신의 목소리를 찾는 것입니다." - 스테프니 메이어

4.4 나도 웹소설 작가가 되어볼까?

기본적인 아이디어가 있다면 웹소설을 써볼 수도 있다. 예를 들어보자.

질문

BTS 멤버를 이용한 짧은 웹소설을 써주세요.

방탄소년단(BTS) 멤버들이 모두 모여 있는 방 안에서, 한 멤버가 기타를 연주하고 있었다. 그리고 그들은 서로 노래를 부르며 즐거운 시간을 보내고 있었다.

하지만 갑자기 전기가 나갔고, 방 안은 어둠에 휩싸였다. 멤버들은 당황스러워하며, 휴대폰의 플래시로 방을 밝혀보려고 했지만, 모든 휴대폰의 배터리가 다 떨어져 버렸다.

그러던 중, 갑자기 화재 경보가 울리기 시작했다. 멤버들은 서로 팔을 잡고 방에서 나가기 위해 노력했지만, 문이 잠겨 있어서 밖으로 나갈 수 없었다.

그런데 갑자기, 멤버 중 한 명이 문을 열었다. 그러나 그는 문을 열고 나서, 방 안에 남겨진 멤버 한 명이 있다는 것을 깨달았다. 그리고 그 멤버는 이제야 자신의 공포를 깨닫게 되었다.

모든 멤버들은 다시 방으로 돌아가서 그 멤버를 찾으려고 노력했다. 그러나 그들은 방 안에서 끝없이 헤매고 있었고, 이제는 화재가 더욱 심해져서 숨 쉬기가 어려워졌다.

하지만 그들은 포기하지 않았다. 서로를 돕고, 노래를 부르며, 공포와 불안을 함께 극복하고자 했다. 그리고 마침내, 그들은 모두 생존하며 방 밖으로 나오게 되었다. 이후로 그들은 그 일을 함께 극복한 경험을 나누며, 더욱 친해지고 서로를 더욱 이해하게 되었다. 이를 계기로, 그들의 우정은 더욱 깊어졌고, 그들은 서로에게 더욱 의지하게 되었다.

여기에 '수진이라는 가상의 여성 인물을 추가해서 로맨틱하게 내용을 바꿔주세요'라고 질문을 추가하며 이야기를 더 흥미진진하게 만들어줄 수도 있다.

'1980년대 한국 서울에서 대학을 다녔던 도진이란 남자와 상미라는 여성의 짧은 로맨스 소설을 써주세요.'

이런 식으로 설정을 해주며 소설을 시작할 수도 있고, 아래 질문처럼 캐릭터부터 설정한 후 소설을 써갈 수도 있다. '1990년대 미국 뉴욕을 배경으로 하는 소설의 30대 여성 주인공, 남성 주인공의 상세한 캐릭터를 설정해주세요.' 이렇게 질문하면 다음과 같은 캐릭터들을 만들어준다.

1990년대 뉴욕을 배경으로 한 소설의 남녀 주인공에 대한 자세한 캐릭터 설명은 다음과 같습니다.

[여주인공]

이름: 레이첼, 나이 : 32세

외모: 레이첼은 긴 곱슬머리에 검은색 곱슬머리를 자주 하고 있습니다. 그녀는 녹색 눈과 광대뼈가 높은 하트 모양의 얼굴을 가지고 있습니다. 그녀는 약 5피트 6인치의 날씬한 체격입니다. 그녀는 빈티지 의류를 선호하고 종종 오버사이즈 스웨터와 꽃무늬 드레스를 입습니다. 그녀는 손목에 작은 장미와 쇄골에 Sylvia Plath의 인용문을 포함하여 몇 가지 문신이 있습니다.

성격: Rachel은 작가이자 약간의 몽상가입니다. 그녀는 창의적이고 예민하지만 변덕스럽고 내성적일 수도 있습니다. 그녀는 약간의 외톨이이며 많은 그룹보다 혼자 또는 친한 친구와 시간을 보내는 것을 선호합니다. 그녀는 사회 정의에 열정적이며 종종 지역 노숙자 보호소에서 자원 봉사를 합니다. 그녀는 또한 열렬한 독자이며 다른 사람들과 책과 아이디어에 대해 토론하는 것을 좋아합니다.

배경: Rachel은 중서부의 작은 마을에서 자랐고 대학 졸업 후 글쓰기 경력을 쌓기 위해 뉴욕으로 이사했습니다. 그녀는 문학잡지에 몇 편의 단편 소설을 발표했지만 아직 그녀가 꿈꾸는 성공을 이루지 못했습니다. 그녀는 몇 번의 연애를 했지만 장기적인 관계는 없으며 현재 독신입니다.

[남주인공]

이름: 데이빗, 나이 : 35세

외모: 데이빗은 짧고 검은 머리에 적갈색 눈을 가지고 있습니다. 그는 키가 약 6피트이고 몇 년 동안 농구를 했기 때문에 근육질의 체격을 가지고 있습니다.

그는 폴로셔츠와 카키색 바지를 선호하는 프레피 스타일의 클래식한 스타일로 옷을 입습니다. 어린 시절 사고로 인해 왼쪽 눈썹 위에 흉터가 있습니다.

성격: David는 성공적인 변호사이자 약간의 일 중독자입니다. 그는 야심 차고 의욕적이지만 약간 엄격하고 통제적일 수도 있습니다. 그는 충성스러운 친구이며 정직과 성실을 중요하게 생각합니다.

그는 위험을 감수하는 사람이 아니며 자신이 아는 것에 집착하는 것을 선호합니다. 그는 여가 시간에 농구를 즐기고 청소년 농구 리그의 코치로 자원 봉사하기도 합니다.

배경: David는 맨해튼 어퍼이스트사이드의 부유한 가정에서 자랐습니다. 그는 아이비리그 대학에 진학한 후 로스쿨에 진학했습니다. 그는 졸업 후 같은 로펌에서 일했으며 꾸준히 순위를 올렸습니다. 그는 진지한 연애를 몇 번 했지만 아직 정착하고 싶은 사람을 찾지 못했습니다. 그는 자신의 나이와 결혼을 원하는 부모의 기대에 대해 압박감을 느끼기 시작했습니다.

굉장히 구체적으로 알려준다. 소설의 주인공으로 나와 지인의 이름을 넣어 캐릭터를 만들어달라고 해도 재미있을 것이다.

실제로 최근 ChatGPT가 영화 대본을 쓰고 감독까지 한 단편영화도 나왔다. <세이프존(The Safe Zone)>이라는 영화가 그것이다. 제작진은 ChatGPT에 디렉팅을 하며 영화의 스토리에 대한 아이디어, 대본 작성을 하게 했다고 한다. 대본 작성 후에는 제작진이 해야 하는 일들(영화의 촬영 목록을 만들고, 촬영 과정에서 카메라 위치, 배우의 위치, 등장인물들의 의상 컨셉, 표정 디렉팅)까지 작성하도록 했다. 또한 배우와 스탭들이 참고할 스토리보드의 경우, 이미지 생성 AI인 '달리'와 '미드저니'로 만들었다고 한다.[2]

2 AI타임스. 영화 감독 데뷔한 'ChatGPT'...각본 쓰고 연출도 맡아. 2023.01.04.

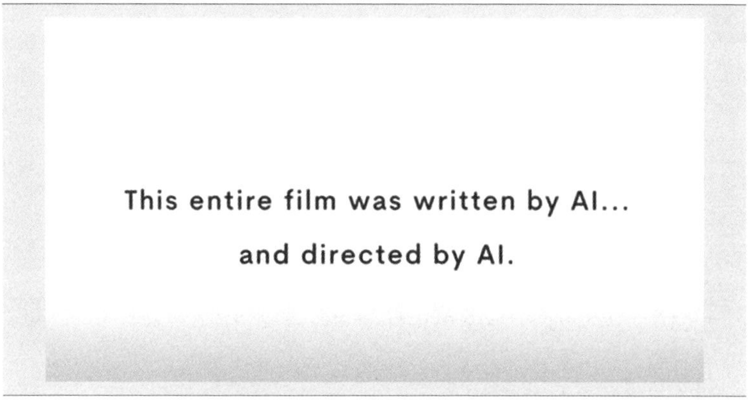

영화 <세이프존(The Safe Zone)> 시작 화면. 이 영화는 AI가 쓰고 감독했다고 밝히고 있다.

영화 <세이프존(The Safe Zone)> 중에서

유튜브에서 'The Safe Zone'으로 찾으면 볼 수 있다. 앞으로는 더 많은 작품이 나올 것으로 예상된다. ChatGPT에 도움을 받아서 글을 구성해나갈 수는 있지만, 최초로 어떤 질문을 할 것인지, 추가로 어떤 질문을 던지며 보완을 할 것인지에 따라 작품의 완성도는 달라진다. 결국 인간의 창의력이 여전히 중요하다는 것을 말해준다. '작가로서 창의력을 기를 수 있는 10가지 질문'을 해달라고 하자 다음과 같이 추천해주었다.

1. 어떤 주제에 대해 쓰고 싶은데, 이를 어떻게 구체화할 수 있을까?
2. 이야기의 구조를 어떻게 만들어야 이야기가 더욱 흥미롭게 전개될까?
3. 이야기의 캐릭터들이 누구인지, 이들에 대해 어떻게 더욱 깊이 있게 묘사할 수 있을까?
4. 이야기의 배경과 상황을 어떻게 더욱 생생하고 확실하게 묘사할 수 있을까?
5. 이야기에서 사용되는 대사를 어떻게 더욱 자연스럽게 만들 수 있을까?
6. 작품의 전반적인 분위기나 느낌을 어떻게 묘사할 수 있을까?
7. 작품에 사용될 수 있는 묘사적인 언어와 표현 방법을 어떻게 찾을 수 있을까?
8. 작품에서 다루는 주제와 관련된 다른 작품들이 있을까? 그 작품들을 어떻게 찾을 수 있을까?
9. 작품을 더욱 흥미롭게 만들기 위해서는 어떤 얘기나 반전을 사용할 수 있을까?
10. 작품의 특정 부분을 강조하거나 강조하지 않으면 안 될 이유가 무엇일까?

마지막으로, '창의력을 기르기 위해 할 수 있는 활동을 추천해달라'고 하자 다양한 활동을 추천해주었다. 그중에 '단어나 문장으로부터 출발하는 창의력 기르기'에 대한 예시를 들어달라고 하자 다음과 같이 이야기를 해주었다.

1. '이 냄새는 무슨 냄새일까?'라는 문장에서 출발해서, 향수 제작 아이디어를 창출하기
2. '붉은 장미 꽃다발'이라는 단어에서 출발해서, 낭만적인 시를 써보기
3. '우리집 강아지'라는 문장에서 출발해서, 동화나 그림책을 만들기
4. '어젯밤 꿈에 나온 사람'이라는 문장으로 출발해서, 이야기 만들기
5. '내일의 일정'이라는 문장으로 출발해서, 새로운 아이디어를 떠올리기
6. '바닷가에서 보는 일몰'이라는 문장으로 시작해서, 시나 소설 쓰기
7. '너무 바쁘다'라는 문장으로부터 출발해서, 스트레스 해소 방법 찾기
8. '카페에서 마신 커피 맛이 떠오른다'라는 문장에서 출발해서, 음료 브랜드 개발 아이디어 찾아보기
9. '한강에서 봄날 일몰'이라는 문장에서 출발해서, 풍경화 그리기
10. '비 오는 날 동네에서 보이는 풍경'이라는 문장으로 시작해서, 작품 제작 아이디어 찾기

제안해준 문장에서 시작해 매일 글쓰기 연습을 하면 창의성이 길러질 수 있겠다 싶었다. 이런 식으로 자신의 글에 부족한 점이 있을 때, 계속 질문하며 도움을 받을 수 있다.

※ **Tip**. 같이 활용하면 유용한 AI 사이트

SNS 글쓰기, 책 쓰기, 웹소설 쓰기를 발행할 때 그림을 함께 넣어주면 더 흥미를 끌 수 있다. AI를 활용해 그림을 그릴 수 있는 사이트들을 소개해본다.

1. 캔바 Text to Image https://www.canva.com

텍스트를 이미지로 변환해주는 인공지능 이미지 생성기로, 단순한 설명으로 독특한 이미지를 순식간에 만들 수 있다. 캔바 사이트에서 이용할 수 있으며 초보자도 쉽게 이용할 수 있다. 무료로 사용할 수 있으나, 하루 사용량 제한이 있다.

2. 빙 이미지 크리에이터 https://www.bing.com/create

달리2(DALL·E 2, AI 이미지 생성기. OpenAI 제작) 기반으로 작동하는 이미지 크리에이터. Microsoft 계정으로 로그인해서 사용할 수 있다. 무료로 사용 가능하나, 일정 개수 이상 사용하면 생성 속도가 느려진다.

3. 미드저니 https://www.midjourney.com

디스코드 기반이며 무료로 25개까지(2023. 3. 25. 기준) 그림을 그릴 수 있다.

4. 스테이블 디퓨전 https://stablediffusionweb.com/#demo

고사양의 컴퓨터가 있으면 다양한 그림을 시도해 볼 수 있다. 오픈소스라 다운로드 후 자신의 컴퓨터에서 실행을 할 수 있다. 프롬프트에 따라 고퀄리티의 그림 결과물을 얻을 수 있다.

5. 노블ai https://novelai.net

스토리 생성 AI이다. 웹소설을 쓴다면 노블AI를 활용해도 좋다. 무료 이용 시 스토리 기능 이용이 제한적이다. 유료 서비스 가입 시 그림 생성 AI도 사용이 가능하다.

“좋은 글은 독자의 마음을 움직이게 만듭니다. 최선을 다해 쓰고, 독자를 위해 쓴다면 좋은 글이 탄생할 것입니다.” - 마야 앤젤루

5

노화 NO! 내 곁의 건강 트레이너

5.1 나이 들어도 건강하게 살려면

건강이라는 주제 또한 '마흔 이후 삶'에서 빼놓을 수 없다. '요즘 몸이 예전 같지 않아…' 40대에 들어서면서 그런 말을 자주 하게 된다. 나이가 들수록 건강한 것이 행복이라는 것도 많이 느끼게 된다. 이번 장에서는 ChatGPT를 건강 트레이너로 활용하며 건강한 삶을 만들어갈 수 있는 활용법에 대해 알아보았다.

'나이가 들어서도 건강하게 살려면?'이라는 질문을 ChatGPT에 해보았다. 아래는 이에 대한 대답이다.

나이가 들면서 건강한 삶을 살기 위해서는 신체적, 정신적 건강을 유지해야 합니다. 나이가 들어서도 건강을 유지하기 위한 몇 가지 팁을 알려드리겠습니다.

1. 신체적으로 활동적으로 지내세요

   유산소 운동과 근력 운동을 포함한 규칙적인 운동은 심장병과 당뇨병과 같은 만성 질환의 위험을 줄일 뿐만 아니라 근육량, 균형, 유연성을 유지하는 데 도움을 줄 수 있습니다. 활동적으로 지낼 수 있는 주간 계획을 세우고 실천해보세요.

2. 균형 잡힌 식사를 하세요

   과일, 야채, 통곡물, 그리고 지방이 적은 단백질이 풍부한 식단은 최적의 건강을 위해 필요한 영양소를 제공하는 것을 도울 수 있습니다.

가공식품과 포화지방, 트랜스지방, 설탕, 나트륨이 많이 함유된 식품을 제한하는 것도 중요합니다.

3. 정신적으로 활동적으로 지내세요

   독서, 게임 또는 새로운 기술을 배우는 것과 같은 정신적으로 자극적인 활동에 참여하는 것은 인지 기능을 유지하는 것을 돕고 인지력 저하의 위험을 줄일 수 있습니다.

4. 건강을 예방하는 조치에 대해 최신 업데이트를 유지하세요

   여기에는 정기적인 건강 검진, 예방 접종, 의료 서비스 제공자의 처방에 따른 약물 복용이 포함됩니다.

그 외에도 친구 가족 등과의 사회적 연결을 유지하는 것, 충분히 수면을 취하는 것, 스트레스를 관리하는 것 등이 마흔 이후의 삶을 건강하게 만드는 데 도움이 되는 것들이라고 소개해준다. 답변 중에서 추가로 궁금한 점을 물으면서 보완을 해나갈 수 있다.

예를 들어 '활동적으로 지내는 일주일간의 생활 계획 예시'를 들어 달라고 할 수 있다. 그러자 이런 예시를 들어주었다.

월요일:

- 아침에 스트레칭과 요가를 하여 몸을 일으켜 줍니다.
- 점심시간에는 직장에서 계단을 이용하여 층간 이동을 합니다.
- 퇴근 후에는 30분간의 산책을 즐깁니다.

화요일:

- 아침에 자전거를 타고 출근하고 퇴근합니다.

- 점심시간에는 동료들과 함께 밖에서 걷거나 달리기를 합니다.
- 퇴근 후에는 헬스장에 가서 30분간 근력 운동을 합니다.

수요일:

- 출근 전에는 가벼운 조깅을 합니다.
- 점심시간에는 스텝퍼를 이용하여 운동을 합니다.
- 퇴근 후에는 스쿼트와 런지 등의 근력 운동을 하며 근육을 강화합니다.

목요일:

- 출근 전에는 윗몸 일으키기나 푸쉬업과 같은 간단한 근력 운동을 합니다.
- 점심시간에는 운동 후 스팀룸에서 몸을 이완시키고 휴식을 취합니다.
- 퇴근 후에는 산책이나 자전거를 타고 가볍게 운동을 합니다.

금요일:

- 출근 전에는 집 근처에서 뛰어서 운동을 합니다.
- 점심시간에는 요가나 필라테스와 같은 스트레칭 운동을 합니다.
- 퇴근 후에는 집에서 유튜브 등의 온라인 운동 동영상을 보면서 간단한 근력 운동을 합니다.

토요일:

- 오전에는 공원에서 자전거를 타고 산책을 합니다.
- 오후에는 수영장에 가서 수영을 하거나 물놀이를 즐깁니다.

일요일:

- 오전에는 가족들과 함께 하이킹을 하거나 산책을 즐깁니다.
- 오후에는 가벼운 요가나 필라테스를 하여 몸을 이완시키며 주말을 마무리합니다.

또 정신적으로도 활력 있게 지내기 위한 예시를 들어달라고 해보았다.

- 일기 쓰기
- 새로운 언어 학습하기
- 수다 떨면서 산책하기
- 수학 퍼즐 풀기
- 소설, 자기 계발서 등 책 읽기
- 새로운 요리 도전하기
- 유튜브나 아트 클래스를 통해 관심 있는 취미 배우기
- 친구와 함께 보드 게임하기
- 독서 클럽 모임에 참여하기
- 자전거 타기 또는 하이킹하기

이번에는 '내가 하루를 건강하게 보냈는지' 체크할 수 있는 10가지 항목의 체크리스트를 만들어달라고 하자 다음과 같이 만들어주었다.

* 건강한 식사: 균형 잡힌 식단을 섭취했는지 확인하세요. 과일, 채소, 전곡식, 저지방 유제품, 레알 단백질, 건강한 지방이 포함되었는지 확인해보세요.
* 충분한 수분 섭취: 하루 동안 충분한 양의 물을 마셨는지 확인하세요. 일반적으로 하루에 8-10컵 (2-2.5리터)의 물을 섭취하는 것이 권장됩니다.
* 운동: 하루에 적어도 30분 이상의 유산소 운동을 했는지, 그리고 근력 운동을 주기적으로 포함하고 있는지 확인하세요.
* 스트레스 관리: 스트레스를 적절히 해소했는지 확인하세요. 명상, 요가, 호흡법, 취미 등을 통해 스트레스를 관리하는 시간을 가졌는지 확인해보세요.

* 수면: 품질 좋은 수면을 충분히 취했는지 확인하세요. 일반적으로 하루에 7-8시간의 수면이 권장됩니다.
* 금연 및 음주: 오늘 하루 금연을 지켰는지, 음주는 적절한 수준으로 제한했는지 확인하세요.
* 사회적 교류: 가족, 친구, 동료와의 적절한 사회적 교류를 가졌는지 확인하세요. 대화를 나누거나 활동을 함께 하는 등 건강한 관계를 유지하는 시간을 가졌는지 확인해보세요.
* 취미 및 여가 활동: 개인적인 흥미를 채울 수 있는 취미나 여가 활동에 시간을 할애했는지 확인하세요.
* 긍정적 사고: 하루 동안 긍정적인 사고를 유지하려 노력했는지 확인하세요. 부정적인 생각을 인식하고 이를 극복하기 위한 방법을 찾았는지 확인해보세요.
* 개인위생: 손 씻기, 칫솔질 등 기본적인 개인위생을 철저히 관리했는지 확인하세요.

이렇게 체크리스트를 만들어 하루하루 체크하며 관리를 해나간다면 더 건강한 삶을 만들어갈 수 있을 것이다. 맞춤형 운동 계획과 식단까지도 알려주었다.

다음 꼭지에서는 그 부분을 이야기해보자.

"건강이란 우리가 일상생활에서 취하는 모든 행동에서 비롯된다." - 히포크라테스(Hippocrates)

5.2 ChatGPT, 맞춤형 운동과 식단을 알려줘

먼저 식단에 대해서 물어보자. 중학생 자녀 둘을 둔 40대 부부 4인 가족이라고 해보자. 그에 따른 일주일 식단을 계획해달라고 할 수 있다. 가족 사항을 알려주고 식단을 짜달라고 하면서, 총칼로리와 탄수화물, 단백질 등의 영양소 함유량을 같이 포함해 달라고 했다. 한국식으로 알려달라는 말도 추가해준다.

아래는 40대 부부와 중학생 아들, 딸 두 자녀를 위한 일주일 식단안입니다. 하지만 각 가족 구성원의 연령, 성별, 체중, 활동 수준에 따라 칼로리와 영양소 요구량이 다를 수 있으니, 이를 참고하여 식단을 조절해주세요. 실제 음식 조리법과 양에 따라 칼로리와 영양소 함유량이 달라질 수 있습니다.

주의: 영양소 함유량은 대략적인 수치이며, 정확한 수치는 식재료와 조리 방법에 따라 달라질 수 있습니다.

월요일:

* 아침: 죽 (200kcal, 40g 탄수화물, 5g 단백질), 계란말이 (150kcal, 1g 탄수화물, 12g 단백질), 김치 (30kcal, 2g 탄수화물, 1g 단백질), 무생채 (50kcal, 10g 탄수화물, 1g 단백질)
* 점심: 돈까스 (500kcal, 30g 탄수화물, 30g 단백질), 밥 (200kcal, 45g 탄수화물, 4g 단백질), 된장국 (200kcal, 10g 탄수화물, 12g 단백질), 오이무침 (50kcal, 5g 탄수화물, 1g 단백질), 김치 (30kcal, 2g 탄수화물, 1g 단백질)

* 저녁: 된장찌개 (200kcal, 10g 탄수화물, 12g 단백질), 밥 (200kcal, 45g 탄수화물, 4g 단백질), 고등어구이 (300kcal, 0g 탄수화물, 25g 단백질), 시금치무침 (50kcal, 5g 탄수화물, 2g 단백질), 깍두기 (30kcal, 2g 탄수화물, 1g 단백질)

(중략)

또한, 중학생 자녀의 경우 성장기에 있어 추가 영양소를 고려해주시는 것이 좋습니다. 필요에 따라 과일, 견과류, 유제품 등을 간식으로 추가하실 수 있습니다. 이렇게 하루 세 끼의 식단을 통해 균형 잡힌 영양 섭취와 건강한 생활을 유지할 수 있습니다.

요일별로 제시해준 식단을 참고해서, 연령, 체중, 성별, 활동량에 따른 식단을 짜면 된다. 다이어트 식단이 필요하다면 '나이는 40세, 여성, 키는 165cm, 몸무게는 65kg. 요즘 다이어트를 하려고 하는데 적합한 일주일 식단을 짜주세요. 동양식으로 짜주세요.' 하는 식으로 질문하면 다이어트 식단을 짜준다. 만약에 당뇨병 등의 질환이 있으면, 그것에 맞게 짜달라고 할 수 있다.

운동 루틴에 대해서도 물어볼 수 있다. 예를 들어, 아래와 같이 질문을 하고 이어서 추가 질문을 했다.

질문

신장 181cm, 체중 83.5kg인 50대 남자에게 추천할 운동 루틴을 알려주세요.

안녕하세요! 신장 181cm, 체중 83.5kg인 50대 남성분께서는 아래와 같은 운동 루틴을 추천해드립니다.

- 전신 스트레칭: 인체의 근육을 늘리고 혈액순환이 원활해지도록 합니다.
- 유산소 운동: 달리기, 자전거 타기, 수영 등의 유산소 운동을 하루 30분 이상 꾸준히 실시합니다. 유산소 운동은 체중 감량과 근력 강화에 모두 효과적입니다.
- 근력 운동: 근력 운동은 근육을 강화하고 신체의 뼈 밀도를 높여주는 효과가 있습니다. 근력 운동으로는 스쿼트, 데드리프트, 벤치프레스, 숄더프레스 등이 좋습니다. 근력 운동은 체중 감량을 도와줄 뿐 아니라, 신체의 모양을 좋게 만들어줍니다.
- 유연성 운동: 요가, 필라테스, 스트레칭 등의 유연성 운동은 체형 개선과 함께 관절 유연성 향상에도 효과적입니다. 유연성 운동으로 인한 효과는 보조적인 것이기 때문에, 운동 루틴의 마무리로 실시하는 것이 좋습니다.
- 식이 조절: 운동을 효과적으로 수행하기 위해서는 적절한 식이 관리가 필요합니다. 탄수화물과 지방의 섭취량을 적당히 조절하고, 단백질은 충분히 섭취하는 것이 좋습니다.

위의 운동 루틴을 꾸준히 실시하시면 체중 감량과 근력 강화에 도움을 줄 뿐 아니라, 건강한 신체 유지에도 도움이 됩니다. 단, 운동을 시작하기 전에 반드시 건강 상태를 확인하고 전문가의 조언을 받는 것이 좋습니다.

질문

위 운동 상황에서 심박수가 152를 넘어도 문제가 없을까요?

운동을 하다가 심박수가 152를 넘어가는 경우 개인의 건강 상태, 운동 경험 수준, 운동 강도 등 여러 가지 요인에 따라 다를 수 있습니다.

일반적으로는 50대 중년층의 경우, 최대 심박수는 (220-나이)로 계산됩니다. 따라서 50대의 경우 최대 심박수는 대략 170 정도가 됩니다. 그러나 이는 개인마다 차이가 있을 수 있으므로 정확한 최대 심박수는 심전도 검사를 통해 확인하는 것이 좋습니다.

일반적으로 운동 중 최대 심박수의 70~85% 범위 내에서 운동하는 것이 권장됩니다. 152는 최대 심박수를 고려할 때 꽤 높은 수치입니다. 만약 이 수치가 지속되면서 흐릿한 시야, 혼란, 구토, 불규칙한 심장 박동 등의 증상이 나타나면 즉시 운동을 중단하고 의료진의 진료를 받는 것이 좋습니다.

따라서, 개개인의 건강상태와 체력에 따라 심박수가 152가 되어도 문제가 없을 수도 있고, 문제가 될 수도 있습니다. 하지만 일반적으로는 권장되는 심박수 범위를 지켜가며 운동을 하는 것이 좋습니다. 운동을 시작하기 전에는 반드시 전문가의 조언을 받는 것이 좋습니다.

질문

위 답변의 근력 운동 중 장비 없이 할 수 있는 것의 루틴을 추천해주세요.

근력운동 중 장비 없이 할 수 있는 것들로는 크게 유산소 운동과 근력 운동으로 나눌 수 있습니다. 근력 운동에 대한 루틴을 추천해 드리겠습니다.

- 팔굽혀 펴기(Push-ups): 가슴, 어깨, 삼두근을 강화하는 데 효과적입니다. 3세트 x 10~15회씩 수행합니다.

- 스쿼트(Squats): 대퇴사두근, 둔근, 대퇴외전근 등 하체 근육을 강화하는 데 효과적입니다. 바른 자세로 서서 발을 어깨 넓이로 벌리고, 무릎이 발끝을 넘어가지 않도록 앉았다 일어나는 동작을 반복합니다. 3세트 x 15~20회씩 수행합니다.
- 런지(Lunges): 대퇴사두근, 대퇴외전근, 엉덩이, 종아리 근육 등 하체 근육을 강화하는 데 효과적입니다. 왼쪽 다리를 앞으로 내밀고, 오른쪽 무릎을 바닥에 닿을 정도로 굽혀 내려갑니다. 이후 오른쪽 다리를 앞으로 내밀고 왼쪽 무릎을 바닥에 닿을 정도로 굽혀 내려갑니다. 3세트 x 10~15회씩 수행합니다.
- 플랭크(Plank): 복근, 등, 코어 근육을 강화하는 데 효과적입니다. 팔꿈치와 발끝을 바닥에 붙이고 몸을 일직선으로 유지한 채로 30초에서 1분 사이간 유지합니다. 3세트씩 수행합니다.
- 크런치(Crunches): 복근을 강화하는 데 효과적입니다. 무릎을 굽히고 발바닥을 바닥에 붙인 채로 눕습니다. 이후 상체를 일으켜 복근 수축 상태를 유지하며 머리와 어깨가 바닥에서 떨어지지 않도록 유지합니다. 3세트 x 10~15회씩 수행합니다.

위의 운동 루틴은 전문적인 조언 없이도 쉽게 수행할 수 있는 것들입니다.

바쁜 일상에서 운동할 시간이 없다면 이런 식으로 질문을 해볼 수 있다.

질문

나의 상황

- 43세 직장에 다니는 여성
- 초등학교 다니는 아이를 키우고 있음

- 직장 일과 살림을 병행하니 운동할 시간이 없음

이런 상황에서 10분 정도 간단히 할 수 있는 운동을 추천해주세요.

당신과 같은 상황에 처한 사람은 집에서 짧은 시간에 할 수 있는 빠르고 쉬운 운동을 시도해 보는 것이 좋습니다. 다음은 몇 가지 제안 사항입니다.

- 점핑 잭: 발을 모으고 서 있다가 다리를 벌리고 머리 위로 손뼉을 치면서 점프합니다. 시작 위치로 돌아가서 반복하십시오. 10분 동안 가능한 한 많은 점핑잭을 해보세요.
- 스쿼트: 발을 어깨 너비로 벌리고 선 다음, 다시 앉은 자세로 몸을 낮추십시오. 등을 곧게 펴고 무릎은 발끝과 일직선이 되도록 합니다. 이것을 반복하십시오. 10분 동안 분당 10~15회 스쿼트를 하는 것을 목표로 하십시오.
- 플랭크: 푸쉬업 자세에서 시작한 다음 팔뚝으로 몸을 내립니다. 몸을 곧게 펴고 코어를 사용하여 가능한 한 오랫동안 플랭크 자세를 유지한 다음(30-60초 목표) 몇 초 동안 쉬었다가 반복합니다.
- 요가: 온라인에서 10분 이내에 완료할 수 있는 빠른 요가 루틴이 많이 있습니다. 몸 전체를 스트레칭하고 강화하는 데 중점을 둔 순서를 찾으십시오.

짧은 운동이라도 건강과 웰빙에 긍정적인 영향을 미칠 수 있음을 기억하세요. 점심시간에 빠르게 산책을 하거나 저녁 식사가 준비되기를 기다리는 동안 점핑잭 몇 개를 하는 등 할 수 있을 때마다 몇 분 동안 활동을 하도록 노력하세요.

이런 식으로 나의 상황에 맞게 다양한 질문을 주고받으며 도움을 얻어보자. 단, ChatGPT의 조언은 참고용으로 사용해야 한다. 개인에 따라 신체, 영양, 운동, 건강 상태가 모두 다르기 때문이다. 정확히 내

몸에 맞는 운동이나 건강 관련 계획을 세울 때는 전문가의 진단을 받고 상담을 하는 게 좋다.

"놀라운 결과를 얻고 싶다면 매일 좋은 습관을 반복하세요." - 존 C. 맥스웰

5.3 뇌를 성장시키는 습관 만들기

뇌를 건강하게 하는 것은 중년 이후의 건강한 삶을 위해 매우 중요한 요소이다. 특히 자꾸 깜빡깜빡한다든지, 방금 들은 것도 생각이 나지 않는다든가, 단어가 잘 떠오르지 않는 것은 나이가 들면서 많이 경험하는 증상이다. 벌써 이런 나이가 됐나 싶기도 하고, 심지어 치매를 걱정하기도 한다. 그런데 나이가 들어서도 뇌는 충분히 성장할 수 있다는 뇌과학 연구들이 많다. 뇌 성장에 도움이 되는 습관에 대해 알아보자.

먼저 '마흔 이후에도 뇌를 성장시킬 수 있나요?'라는 질문을 ChatGPT에 해보았다.

40세 이후에도 계속해서 뇌를 성장시키는 것이 가능합니다. 여러 연구들은 뇌가 일생 동안 변화하고 적응하는 능력을 가지고 있다는 것을 보여주었는데, 이것은 신경 가소성으로 알려진 개념입니다. 40세 이후에도 뇌 성장과 인지 건강을 증진시킬 수 있는 몇 가지 방법을 소개합니다.

1. 새로운 것을 배우세요

수업을 듣거나, 새로운 언어를 배우거나, 새로운 취미를 추구해보세요. 배우는 것은 뇌를 자극하고 새로운 신경 연결을 촉진하는 것을 도울 수 있습니다.

2. 규칙적으로 운동하세요

신체 활동은 뇌 기능을 향상시키고 새로운 뇌 세포의 성장을 촉진하는 것으로 나타났습니다. 일주일 중 거의 매일 최소한 30분의 적당한 운동을 목표로 해보세요.

3. 두뇌를 자극하세요

퍼즐을 하거나, 게임을 하거나, 다른 정신적으로 자극적인 활동에 참여함으로써 정신을 날카롭게 유지하세요. 이것은 인지 기능을 향상시키고 뇌의 성장을 촉진하는 데 도움을 줄 수 있습니다.

4. 충분한 수면을 취하세요

수면은 뇌의 건강과 기능에 필수적입니다. 뇌의 성장과 인지 기능을 지원하기 위해 매일 밤 7~8시간의 양질의 수면을 목표로 하세요.

5. 건강한 식단을 드세요

과일, 야채, 통곡물, 기름기 없는 단백질이 많은 균형 잡힌 식단은 뇌의 건강과 기능을 지원하는 데 도움을 줍니다. 생선과 다른 공급원에서 발견되는 오메가3 지방산은 특히 뇌 건강에 이롭습니다.

6. 스트레스 관리를 하세요

만성적인 스트레스는 뇌에 부정적인 영향을 미칠 수 있기 때문에 스트레스를 관리하는 건강한 방법을 찾는 것이 중요합니다. 이 방법에는 운동, 명상 또는 자연에서 시간을 보내는 것을 포함할 수 있습니다.

여기서도 나에게 맞는 질문을 보완하며 구체화하면 된다. 예를 들어 저녁에 스트레스를 푸는 효과적인 방법이 무엇인지 물어볼 수 있다. ChatGPT는 이런 대답을 해주었다.

스트레스를 푸는 효과적인 방법 중 하나는 심호흡이나 점진적인 근육 이완과 같은 이완 기술을 연습하는 것입니다. 다음은 점진적인 근육 이완을 하는 방법입니다.

- 앉거나 누울 수 있는 조용하고 편안한 장소를 찾으세요.
- 눈을 감고 긴장을 풀기 위해 심호흡을 몇 번 하세요.
- 발가락부터 시작해서, 발의 근육을 조이고 몇 초간 유지한 후 풀어줍니다.
- 종아리, 허벅지, 엉덩이, 배, 가슴, 등, 팔, 그리고 마지막으로 얼굴과 두피에 각각의 근육군을 긴장시키고 풀어주세요.

이렇게 하면서, 나의 몸속의 감각과 각각의 풀어줌에서 오는 편안함에 초점을 맞추세요. 모든 근육 그룹을 다 거친 후에, 몇 번 더 심호흡을 하면서 편안함과 고요함을 즐기세요. 이렇게 하는 것은 바쁜 하루의 끝에 긴장을 풀고 스트레스를 푸는 좋은 방법이 될 수 있습니다.

'나이 48세의 직장인 남성인데 뇌 건강을 유지하고 두뇌 기능을 향상하기 위해 실천할 수 있는 5가지 두뇌 자극 활동을 추천해달라'는 질문을 하며 나에게 적합한 두뇌 개발 활동을 찾아볼 수 있다. 또 인지능력 알아보기 테스트 같은 간단한 퀴즈를 만들어서, 매일 퀴즈를 풀며 인지능력을 체크해 볼 수도 있다. '인지능력을 알아볼 수 있는 5가지 문항으로 된 간단하고 재미있는 테스트를 만들어주세요'라고 하니 아래와 같은 테스트를 만들어준다.

40대 인지능력 테스트를 위한 5가지 재미있는 문항을 아래에 제시해 드리겠습니다. 이 테스트는 완전히 재미를 위한 것이며 과학적 근거가 없음을 밝힙니다.

1. 단어 기억력: 다음 단어들을 읽고 1분 후에 몇 개의 단어를 기억할 수 있는지 확인하세요: 사과, 연필, 원숭이, 피자, 책상, 우산, 전화기, 텔레비전, 차, 코끼리.
2. 숫자 역순 읽기: 다음 숫자를 역순으로 읽어보세요: 6, 3, 9, 1, 7, 8, 5, 2, 4, 0. 정답은 무엇인가요?
3. 상반신과 하반신 매칭: 다음 동물들의 상반신과 하반신을 임의로 조합해보세요. 가장 기발한 조합은 무엇인가요? (예: 기린의 머리 + 코끼리의 몸통)

* 기린
* 판다
* 독수리
* 코끼리

4. 빈칸 채우기: 다음 문장의 빈칸에 적절한 단어를 넣어보세요. '나는 오늘 _____를 가지고 _____에서 _____을 만났다.' 가장 창의적인 문장은 무엇인가요?
5. 속담 완성하기: 다음 속담의 빈 칸을 채워 완성해 보세요. '가는 말이 _____야 오는 말이 _____.' 정답은 무엇인가요?

이 테스트를 통해 인지능력에 대한 간단한 척도를 얻을 수 있습니다. 다양한 유형의 문제를 풀어봄으로써 기억력, 언어능력, 창의력 등을 자극하고 재미있게 인지능력을 향상시킬 수 있습니다.

과학적 근거에 기반한 인지 테스트를 추천해달라고 할 수도 있다. 나이가 들며 자신감이 떨어져서 동기부여를 받고 싶다면 '나이가 들어서도 끊임없이 배우고 인지능력을 발전시켜간 사람의 예를 들어달라'고 할 수 있다. 그러자 ChatGPT는 아래와 같은 사례를 찾아주었다.

유명한 미국 코미디언이자 배우인 스티브 마틴은 개인적인 삶과 직업적인 경력 모두에서 끊임없이 새로운 것들을 시도했습니다.
1990년대에 마틴은 음악에 관심을 가지기 시작했고 밴조(banjo) 연주를 배웠습니다. 이전에 음악 교육을 받지 않았음에도, 그는 뛰어난 음악가가 되었고 블루그래스(bluegrass) 음악의 여러 앨범을 발표했습니다.
음악 활동 외에도, 마틴은 회고록과 소설을 포함한 여러 권의 책을 썼습니다. 그는 또한 미술계를 탐험했고 이 주제에 대한 큐레이터이자 작가일 뿐만 아니라 열렬한 미술 수집가가 되었습니다.
마틴은 2017년 브로드웨이에서 데뷔한 연극을 쓰고, 2020년에는 생애 처음으로 텔레비전 시리즈에 출연하는 등 새로운 시도를 계속하고 있습니다.
그는 어느 시점이든 배우고 성장하는 것이 결코 늦지 않다는 것을 보여줍니다.
또한 나이가 우리의 능력을 제한하는 한계가 되어서는 안 된다는 것을 상기시켜줍니다.

마지막으로 ChatGPT는 이렇게 이야기를 해주었다. '뇌는 일생 동안 성장하고 변화할 수 있으므로 뇌 건강과 인지 기능을 촉진하기 위한 노력이 지금도 늦지 않다는 것을 기억하세요'라고.

"당신이 할 수 있는 가장 좋은 투자는 당신 자신에게 투자하는 것입니다. 새로운 것을 배울 때마다 뇌는 새로운 연결을 만듭니다." - 워런 버핏(Warren Buffett)

6

5060세대 은퇴와 노후 준비 컨설턴트

6.1 ChatGPT를 활용한 현명한 경제생활

마흔 이후에 고민하는 주제 중의 하나가 경제적 여유이다. ChatGPT는 '40대 이후 ChatGPT를 잘 활용할 수 있는 방법의 하나가 재테크'라고 제시한다. 투자 방법, 자산 관리, 연금, 보험 등 재테크에 관한 정보를 얻을 수 있다는 것이다.

ChatGPT에 '마흔 이후, 경제적으로 풍요롭게 살려면?'이라는 질문을 던져보았다. 답변을 보고 경제생활에서 활용할 수 있는 점들을 살펴보자.

40세 이후에 경제적으로 부유하게 사는 것은 개인의 목표와 우선순위에 크게 의존합니다. 그래서 각자에게 다른 것을 의미할 수 있습니다. 하지만, 40세 이후에 경제적으로 부유하게 살기 위한 몇 가지 일반적인 조언들을 드려보겠습니다.

1. 재무 목표를 설정하세요

   은퇴 저축, 부채 상환 또는 주요 구매를 위한 저축과 같은 장기적인 재정 목표를 결정하고 이를 달성하기 위한 계획을 만드세요.

2. 수입 범위 내에서 생활하세요

분수에 맞게 생활함으로써 과도한 지출과 빚의 축적을 피하세요. 이것은 예산을 만들고 그것을 고수하며 불필요한 비용을 피하고 저축을 우선시하는 것을 의미합니다.

수입 범위 내에서 살기 위해 구체적인 방법을 알려달라는 식으로 질문을 추가해보자. 그러자 이런 내용을 제시했다.

- 예산 작성하기: 매월의 수입과 지출을 정확히 파악하고, 예산을 작성합니다. 이를 통해 지출 내역을 체계적으로 정리하고 불필요한 비용을 줄일 수 있습니다.
- 식비 절약하기: 식비는 가계 지출에서 상당한 부분을 차지합니다. 이를 줄이기 위해서는 식료품을 신선하게 유지하고 무작정 사기보다, 식사를 계획하고 필요한 만큼만 구매하는 것이 좋습니다. 또한, 채소, 과일, 육류, 수산물 등의 계절적 특성에 맞게 구매하면 더욱 저렴하게 구입할 수 있습니다.
- 생활용품 구매 시 기본 용품 선택하기: 일상생활에서 사용되는 생활용품을 구매할 때에는 기본 용품을 선택합니다. 브랜드 명에 덜 의존하고 기능적이면서도 가격이 저렴한 제품을 선택합니다.
- 외식과 쇼핑 비용 줄이기: 외식과 쇼핑 비용은 매달 많은 양의 지출을 야기할 수 있습니다. 외식은 집에서 요리해 먹는 것보다 비용이 높기 때문에, 집에서 요리를 해 먹는 것이 좋습니다. 또한 일주일에 한 번씩 대량으로 요리해서 도시락으로 가져가면 절약이 가능합니다. 그리고 쇼핑을 할 때는 할인 행사나 중고 상품 등 저렴한 제품을 찾아보는 것이 좋습니다.

- 우선순위를 정하고 지출하기: 불필요한 지출을 줄이고 저축을 위해 가장 필요한 지출부터 처리합니다. 예를 들어, 월급날에 우선적으로 생활비와 월세 등의 고정 지출을 지불하고 남은 돈으로 나머지 지출과 저축을 계획합니다.
- 신용카드와 소비 분석하기: 신용카드를 사용할 경우 월 말에 대금을 갚아야 하기 때문에, 신용카드 사용금액을 확인하고 지출 분석을 해봅니다. 신용카드 사용 내역을 분석하면 어떤 지출 항목에서 높은 비용을 지출하는지 파악할 수 있습니다. 이를 통해 불필요한 지출을 줄이거나, 저축을 위한 추가적인 예산을 마련할 수 있습니다.

예를 들어, 매달 많은 비용을 식비나 교통비 등에 사용한다면, 이를 줄이기 위해 집에서 식사를 해보거나 대중교통을 이용하는 대신 자전거를 이용해 볼 수 있습니다.

신용카드 등의 지출 분석을 할 때 한눈에 보이게 표를 만들어달라고 할 수 있다. 예를 들어 내가 월급 300만 원을 받는데, 이번 달 신용카드 내역이 다음과 같았다고 해보자. 이 내역은 ChatGPT에 물어서 가상으로 뽑은 데이터이다.

질문

1. 식비: 60만 원
2. 교통비: 30만 원
3. 의료비: 15만 원
4. 생활비: 45만 원
5. 여가/오락: 30만 원
6. 패션/뷰티: 15만 원

7. 기타: 15만 원

이번 달 신용카드 내역입니다. 위의 금액을 표로 만들어주세요

그러자 다음과 같이 표를 만들어주었다.

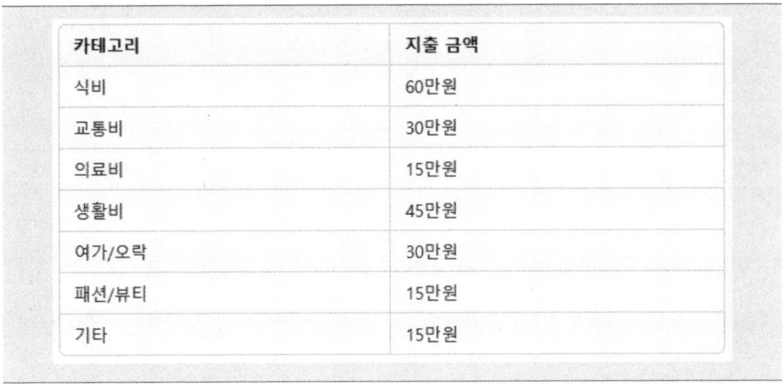

카테고리	지출 금액
식비	60만원
교통비	30만원
의료비	15만원
생활비	45만원
여가/오락	30만원
패션/뷰티	15만원
기타	15만원

ChatGPT가 만들어준 신용카드 지출 표

표로 만드니 카테고리별로 지출한 금액을 쉽게 비교할 수 있다. 여기에 각 항목의 비율을 알고 싶어서 '표에 각 항목의 비율을 추가'해달라고 질문을 한다.

카테고리	지출 금액	비율
식비	60만원	20%
교통비	30만원	10%
의료비	15만원	5%
생활비	45만원	15%
여가/오락	30만원	10%
패션/뷰티	15만원	5%
기타	15만원	5%
합계	**210만원**	**70%**

ChatGPT가 만들어준 신용카드 지출 비율 표

이렇게 표를 만들면, 카테고리별 지출 비율이 나와 전체적인 지출 패턴을 잘 파악하게 된다. 300만 원 월급을 받는 사람이라고 제시하고 데이터를 뽑았기 때문에, 월급 300만 원에서 각각의 항목이 차지하는 비율을 보여준다. 전체 카드 내역이 월급에서 차지하는 비율도 보여주고 있어 한눈에 파악하기가 좋다.

내가 사용한 항목 중에서 우선 줄여야 할 것에 대해 조언받고 싶다면 다음과 같이 질문해볼 수도 있다. 위의 데이터를 조금 변형하여 질문하여 답을 살펴보았다.

질문

나는 월급 300만 원을 받는 사람입니다. 이번 달 신용카드 내역은 아래와 같아요. 여기서 월급 대비 각 지출 항목의 비율을 표시해주세요.

1. 식비: 80만 원

2. 교통비: 30만 원

3. 의료비: 15만 원

4. 생활비: 45만 원

5. 여가/오락: 50만 원

6. 패션/뷰티: 15만 원

7. 기타: 15만 원

또 우선 줄여야 할 부분에 대해서도 알려주세요.

네, 각 항목별 지출 금액과 월급 대비 비율은 다음과 같습니다.

항목	지출 금액	비율
식비	80만원	26.67%
교통비	30만원	10.00%
의료비	15만원	5.00%
생활비	45만원	15.00%
여가/오락	50만원	16.67%
패션/뷰티	15만원	5.00%
기타	15만원	5.00%

위 표에서 볼 수 있듯이, 가장 큰 지출 항목은 식비로 26.67%의 비율을 차지하고 있습니다. 따라서 식비를 줄이는 것이 가장 중요한 작업 중 하나가 될 것입니다. 또한 여가/오락 항목도 16.67%로 비교적 큰 비중을 차지하고 있습니다. 따라서 이 항목에서도 가능한 한 지출을 줄이는 것이 좋습니다.

어떻게 줄여야 할지에 대해서도 물어보았다. 추천해준 여러 방법 중, 여가/오락 항목을 줄이는 방법에 대해서는 다음과 같이 제시해주었다.

- 집에서 쉬기: 집에서 책을 읽거나 TV를 보며 쉬는 것도 좋은 방법입니다.
- 무료/저렴한 문화 생활 참여하기: 무료로 제공되는 공연이나 전시회 등을 참여하거나 할인된 가격으로 문화생활을 즐길 수 있는 이벤트를 찾아보는 것이 좋습니다.
- 스트리밍 서비스 이용하기: 영화나 드라마를 집에서 스트리밍 서비스를 이용해서 볼 수 있습니다.
- 운동하기: 운동을 하면 건강하며, 무료로 이용할 수 있는 공원이나 체육관을 이용할 수 있습니다.

수입의 이상적인 분배 비율에 대해서도 물어볼 수 있다. 예를 들어 '저는 3명의 아이와 남편이 있는 47세 여성입니다. 우리 부부의 월 수입은 800만 원 정도입니다. 수입의 이상적인 지출 분배에 대해 제안해주세요'라고 할 수 있다. 만약에 저축이나 투자에 30%는 해야겠다고 생각한다면 그 부분을 넣어서 질문하면 된다. 그리고 각각의 예산 비율과 예산 금액을 표로 같이 정리해서 보여달라고 하자 다음처럼 안내해주었다.

네, 각 항목별 지출 금액과 월급 대비 비율은 다음과 같습니다.

구분	예산 비율	예산 금액
주거비	30%	240만원
생활비		
- 음식	10%	80만원
- 의류	5%	40만원
- 교통비	5%	40만원
- 통신비	5%	40만원
자녀 교육비	10%	80만원
저축 및 투자	30%	240만원
기타 비용	15%	120만원

위의 예산 분배는 월 수입이 800만원인 경우를 기준으로 한 것입니다. 가족 구성원의 수, 가족 구성원 각각의 수입, 지역, 생활습관 등에 따라서 예산 분배는 상이할 수 있습니다. 따라서, 가정의 상황에 맞게 적절한 비율과 금액으로 조정하여 예산을 편성하는 것이 중요합니다.

위의 예산 편성표를 기준으로 나의 상황에 맞게 비율과 금액을 조정해 목표를 정하고, 그에 맞춰 예산 관리를 해나가려고 노력한다면 조금 더 현명하게 경제생활을 해나갈 수 있을 것이다. 앞서 제시한 1번, 2번 항목에 이어, 계속해서 40세 이후에 경제적으로 더욱 더 안정된 삶을 살기 위한 ChatGPT의 제안을 들어보자.

3. 미래에 투자하세요

ISA, 퇴직연금 등 시간이 지남에 따라 부를 성장시키는 데 도움이 될 수 있는 다른 유형의 투자 수단에 투자하는 것을 고려해 보세요. (ISA, 퇴직연금은 ChatGPT의 조언을 한국 상황에 맞춰 내용을 수정했다.)

4. 양호한 신용을 유지하세요

좋은 신용은 대출과 다른 형태의 신용에 유리한 조건으로 접근하기 위해 중요합니다. 청구서를 제때 지불하고, 부채 수준을 낮게 유지하고, 정기적으로 신용 보고서를 모니터링하세요.

5. 자산을 보호하세요

주택 보험, 자동차 보험, 생명 보험과 같은 자산을 보호하기 위해 보험에 가입하는 것을 고려해보세요.

6. 수동적인 소득 흐름을 만드세요

임대 소득, 투자 소득 또는 온라인 사업과 같은 수동적인 소득 흐름은 정기적인 소득을 보충하고 전반적인 재정 안정성을 높이는 데 도움이 될 수 있습니다.

7. 전문가의 조언을 구하세요

재무 설계자 또는 조언자와 협력하여 목표와 우선순위에 맞는 포괄적인 재무 계획을 개발하는 것을 고려해 보세요.

이러한 조언들을 따름으로써, 재정적인 안정감을 높일 수 있고 40세 이후에 재정적으로 부유한 삶을 살 수 있습니다.

각 항목은 추가로 질문을 하며 보완해나갈 수 있다. 다음은 '자산 없이도 매달 50만 원 정도의 패시브 인컴(수동적인 소득 흐름)을 만들 수 있는 5가지 방법'에 대해 빙 챗에서 알려준 내용이다. 수익 구조 다양화에 노력해온 분들에게는 일반적인 내용일 수 있으나, 이러한 기본에서부터 더욱 구체화해나갈 수 있으므로 소개해본다.

1. 유튜브 채널 운영: 유튜브에 동영상을 업로드하고 광고 수익이나 스폰서십을 통해 수익을 얻는 방법입니다. 단, 동영상 제작과 편집에 시간과 노력이 필요하고, 구독자와 조회수를 늘리기 위한 마케팅이 필요합니다.
2. 블로그 운영: 블로그에 글을 작성하고 광고 수익이나 제휴 마케팅을 통해 수익을 얻는 방법입니다. 단, 글쓰기에 시간과 노력이 필요하고, 방문자를 늘리기 위한 SEO 최적화가 필요합니다.
3. 인스타그램 운영: 인스타그램에 사진이나 동영상을 업로드하고 광고 수익이나 제휴 마케팅을 통해 수익을 얻는 방법입니다. 단, 콘텐츠 제작과 편집에 시간과 노력이 필요하고, 팔로워를 늘리기 위한 마케팅이 필요합니다.
4. 이북 제작: 전자책을 작성하고 온라인 플랫폼에 출판하여 판매 수익을 얻는 방법입니다. 단, 책쓰기에 시간과 노력이 필요하고, 독자를 확보하기 위한 홍보가 필요합니다.
5. 온라인 강의 제작: 온라인 강의를 제작하고 온라인 교육 플랫폼에 등록하여 판매 수익을 얻는 방법입니다. 단, 강의 제작과 편집에 시간과 노력이 필요하고, 학습자를 확보하기 위한 홍보가 필요합니다.

내가 무엇을 알고자 하는 것인지, 명확하게 제시하며 질문할수록 더 분명한 답을 얻을 수 있다. 끝으로 40세 이전에 경제적으로 어려웠더라도 노력을 통해 마흔 이후에 경제적으로 여유로울 수 있다는 동기부여를 받기 위해, 사례를 제시해달라고 질문했다.

40세 이후에 재정적으로 부유해진 사람의 한 예는 미국인 사업가, 기업가, 그리고 작가인 크리스 가드너(Chris Gardner)입니다. 가드너는 가난한 환경에서 태어났고 그의 초기 성인기 동안 노숙과 재정적 어려움을 경험했습니다. 그러나 40대 초반에 그는 성공적인 주식 중개인이 되었고 자신의 증권 회사인 가드너 리치 앤드 컴퍼니(Gardner Rich&Company)의 설립자가 되었습니다.

노숙자 생활을 하며 어린 아들을 부양하기 위해 고군분투하던 가드너는 30대 초반에 샌프란시스코 증권 회사에서 인턴십을 시작했습니다.

회사에서 유일한 아프리카계 미국인이었고 재정적인 어려움에 직면하는 등 수많은 도전에 직면했음에도 불구하고 가드너는 열심히 일했고 결국 성공적인 주식 중개인이 되었습니다.

1987년 가드너는 자신의 증권 회사인 가드너 리치 & Co.를 설립하였고, 이 회사는 미국에서 가장 큰 증권 회사 중 하나가 되었습니다.

그는 나중에 자선 사업, 동기 부여 연설, 글쓰기를 포함한 다른 벤처 사업을 추구하기 위해 회사를 매각했습니다.

역경을 극복하고 경제적 성공을 이룬 가드너의 이야기는 윌 스미스 주연의 영화 <행복을 찾아서>로 만들어졌습니다. 오늘날 가드너는 국제적으로 유명한 동기부여 연설가이자 자선가이며, 그는 인내와 성공에 대한 이야기로 다른 사람들에게 계속 영감을 주고 있습니다.

"누군가가 당신이 뭔가를 할 수 없다고 말하지 못하게 해. 나조차도 말이지. 알겠니? 너의 꿈이 있다면 그것을 지켜내야 해. 사람들은 네가 할 수 없다고 말하고 싶어 해. 하지만 네가 원하는 게 있다면, 가서 쟁취하렴."

- 크리스 가드너가 그의 아들 크리스토퍼에게. 영화 <행복을 찾아서> 중에서

6.2 은퇴 시점과 은퇴 계획 세우기

직장에 다니다가 40대 중후반이나 50대 초반 정도가 되면 보통 퇴직 시점을 생각하게 된다. 이럴 때도 지금까지 서술한 방식대로 ChatGPT를 활용하며 도움을 받을 수 있다.

예를 들면 '50세 남성. IT 계열 회사에 다니는데 은퇴 시점을 계획할 때 구체적으로 고려해야 할 사항'이라는 식으로 질문할 수 있다. ChatGPT는 다음과 같이 답을 제시해주었다.

50세의 남성이라면 은퇴 시점을 고려할 때 몇 가지 구체적인 사항을 고려해야 합니다. 이에 대한 몇 가지 예시를 아래에 나열해 보았습니다.

1. 재정적 상황: 은퇴할 때 어떤 재정적 상황이 기대되는지 고려해야 합니다. 은퇴 후에도 일부 수입을 유지할 계획이 있나요? 은퇴 후 지출 계획과 이에 필요한 자금은 어떻게 되는지 고려해야 합니다.
2. 건강 상태: 은퇴 후 건강 문제가 발생할 가능성이 있습니다. 이에 대한 대비책을 마련하는 것이 좋습니다. 건강 보험, 의료 비용, 장기간 건강 상태 유지를 위한 비용 등을 고려해야 합니다.

3. 사회활동 계획: 은퇴 후 시간을 보내는 방식을 고려해야 합니다. 취미 생활, 사회활동 등을 고려해야 합니다. 일을 끝낸 후 삶의 목적을 찾기 위한 계획을 세우는 것이 중요합니다.
4. 은퇴 후 일상 생활: 은퇴 후 일상 생활을 고려해야 합니다. 현재의 주거 지역이나 주거 환경이 적합한지, 다른 지역으로 이동할 계획이 있는지 등을 고려해야 합니다.
5. 자녀 및 가족: 가족 구성원들의 의견을 반영해야 합니다. 자녀들의 결혼이나 입양, 유학 등으로 인한 자금 필요성 등을 고려해야 합니다.
6. 연금 계획: 은퇴 후에도 일정한 수입을 유지할 수 있는 연금 계획을 고려해야 합니다. 회사의 연금 제도나 개인적으로 구성하는 연금 계획 등을 검토해 볼 필요가 있습니다.
7. 취업 가능성: 은퇴 후 새로운 일자리를 찾거나 일을 계속할 수 있는 가능성을 고려해야 합니다. 은퇴 후에도 일을 계속하는 것이 의미 있는 삶을 영위하는 방법이 될 수 있습니다.

이와 같은 사항들을 고려하여 은퇴 시점을 결정하는 것이 중요합니다. 은퇴 후의 삶을 안정적으로 보낼 수 있는 계획을 세우는 것이 필요합니다.

여기서 1번 항목에 대해 '은퇴 후 필요한 자금에는 어떤 것들이 있을까?'라고 추가로 질문하며 계획을 세우는 데 구체적인 도움을 받아 볼 수 있다.

은퇴 후 필요한 자금은 은퇴 생활을 위한 지출을 충당하기 위해 필요한 금액입니다. 이 금액은 개인의 상황에 따라 다르기 때문에, 아래의 예시들을 참고하여 필요한 자금을 파악하고 계획할 필요가 있습니다.

1. 생활비: 은퇴 후 일상 생활 비용을 계획하는 것이 중요합니다. 은퇴 후에도 생활비가 발생하기 때문에, 월별 예산을 세우고 필요한 생활비에 대한 예상 금액을 파악해야 합니다.
2. 의료비: 은퇴 후 건강 문제가 발생할 가능성이 높아지기 때문에, 의료비를 준비해야 합니다. 건강 보험에 가입하거나, 건강 검진 비용 등을 고려하여 예산을 계획해야 합니다.
3. 여행비: 은퇴 후 여행을 즐길 계획이 있다면, 여행비를 준비해야 합니다. 월별 예산을 세우고, 여행지 선정 및 여행 일정 등을 고려하여 예산을 조정해야 합니다.
4. 취미 활동비: 은퇴 후 여유로운 시간을 활용하여 관심 있는 취미 활동을 즐길 계획이 있다면, 취미 활동비를 준비해야 합니다. 취미용품 비용, 취미 활동 등을 고려하여 예산을 계획합니다.
5. 선물비: 은퇴 후 자녀, 가족, 친구들에게 선물을 줄 계획이 있다면, 선물비를 준비해야 합니다. 선물을 줄 경우, 예산을 조정하여 선물비를 고려해야 합니다.
6. 세금 및 기타 비용: 은퇴 후에도 세금 및 기타 비용이 발생할 수 있기 때문에, 이러한 비용을 고려하여 예산을 조정해야 합니다.
7. 긴급 상황 대비 자금: 긴급한 상황이 발생할 경우를 대비하여 긴급 상황 대비 자금을 마련해 두는 것이 좋습니다. 이를 위해 예산에서 일정한 금액을 할애하여 긴급 상황 대비 자금을 마련합니다.

지금 당장 퇴사하고 나의 일을 시작할지, 아니면 회사를 계속 다녀야 할지 궁금하다면 '50세 남성인데 퇴사하고 창업할까, 아니면 회사를 계속 다녀야 할까 고민입니다. 퇴사 여부를 결정할 때 내가 고려해야 할 사항을 알려주세요'라는 식으로 질문을 해볼 수 있다. '50세 남성인데 퇴사하고 나의 일을 시작할지, 아니면 회사에 당분간 다니면서 내 일을 준비할지를 선택할 수 있는 질문 10가지를 제안해달라'고 하자 다음과 같은 질문 리스트를 만들어주었다.

50세 남성이 퇴사를 하고 나의 일을 시작할지, 아니면 회사를 당분간 다니면서 내 일을 준비할지를 결정하는 것은 매우 중요한 결정입니다. 이에 대해서는 아래와 같은 질문들을 고려해 볼 수 있습니다.

1. 나의 목표는 무엇인가요? 내가 퇴사를 하고자 하는 이유와 나의 목표가 무엇인지 분명히 파악해 보세요.
2. 나의 자금 상태는 어떤가요? 퇴사 후의 생활을 유지하기 위한 자금이 충분한지 확인해 보세요.
3. 나의 역량은 어떤가요? 내가 하고자 하는 일에 필요한 역량이 충분한지 파악해 보세요.
4. 내가 하고자 하는 일은 무엇인가요? 내가 하고자 하는 일을 명확하게 정의해 보세요.
5. 내가 하고자 하는 일이 시장에서 요구되는지, 수요가 있는지 확인해 보셨나요?
6. 나의 경험과 전문성은 어떤가요? 내가 하고자 하는 일에 필요한 경험과 전문성이 충분한지 확인해 보세요.
7. 내가 하고자 하는 일에 필요한 자금은 얼마나 되나요? 해당 일을 시작하기 위해 필요한 자금을 파악해 보세요.
8. 내가 하고자 하는 일을 시작하면 어떤 위험이 있는가요? 해당 일을 시작할 때 예상되는 위험요소를 파악해 보세요.
9. 내가 하고자 하는 일을 시작하면 어떤 기회가 생기나요? 해당 일을 시작했을 때 예상되는 기회요소를 파악해 보세요.

10. 내가 하고자 하는 일을 시작하면 어떤 결과가 나올까요? 해당 일을 시작했을 때 예상되는 결과를 파악해 보세요.

제시해준 리스트를 보니, 하나씩 연구해본다면 조금 더 넓은 시야로 퇴직 시점을 결정할 수 있을 것으로 보인다. 40대~50대에는 퇴사 후의 삶에 대해서도 생각이 많아질 수밖에 없다. 퇴사 후 섣불리 시도하면 안 되는 것들에 대해서도 물어볼 수 있다.

40대에 회사를 떠나는 것은 인생에 큰 변화가 될 수 있으므로 시간을 내어 다음 단계를 신중하게 고려하는 것이 중요합니다. 다음은 40대에 회사를 떠난 후 급하게 하지 말아야 할 몇 가지 사항입니다.

1. 적절한 조사 없이 대규모 투자: 투자를 할 때 특히 신중해야 합니다. 직장을 그만두는 것과 같은 중대한 삶의 변화에 직면해 있습니다. 큰 투자를 하기 전에 조사를 하고 재정 고문과 상담하세요.
2. 적절한 계획 없이 사업 시작: 사업을 시작하려면 뛰어들기 전에 신중하게 계획하는 것이 중요합니다. 확고한 사업 계획을 세우고 기업가 정신에 수반되는 도전에 대비해야 합니다.
3. 이전 고용주 또는 동료와의 갈등: 회사나 자신의 역할이 만족스럽지 않더라도 좋은 관계를 유지하며 직장을 그만두는 것이 좋습니다. 갈등이 있는 관계에서 퇴사하면 새로운 일자리를 찾는 것이 어려워지고 직업적 평판을 손상시킬 수 있습니다.

4. 선택 사항을 고려하지 않고 새 일자리에 뛰어드는 것: 퇴사 후 신속하게 새 직장을 구하려면 시간을 들여 옵션을 고려하고 자신의 기술과 목표에 맞는 역할을 찾는 것이 중요합니다.

퇴사 후에 중요한 조치를 취하기 전에 경력 목표를 돌아보고 계획을 세우는 시간을 가져보세요.

구체적인 상황을 제시하며 은퇴 계획을 짜보라고 할 수 있다. '철수'라는 가상의 인물을 만들어 계획을 짜달라고 하니 다음과 같이 제시한다.

가상의 인물 철수의 나이는 48세. 고등학생 딸이 있고. 현재 다니는 회사에서 20년간 근무를 하였고, 퇴직금은 약 2억 원 정도입니다.

1. 퇴직금 안정적으로 운용하기: 철수는 현재 다니는 회사에서 20년간 근무를 하였고, 퇴직금은 약 2억 원 정도입니다. 이를 안정적으로 운용하기 위해, 안정적이면서도 수익성이 높은 투자 상품을 선택하고, 20년 이상의 장기간 운용할 계획을 수립합니다.
2. 부동산 투자 계획 수립: 철수는 부동산 투자에 대한 관심이 있습니다. 안정적인 수익을 얻을 수 있는 부동산 투자 상품을 추천받고, 이를 위해 적정 금액의 자금을 마련하고, 적합한 부동산을 선택하여 투자 계획을 수립합니다. 예를 들어, 아파트 단지의 주거용 부동산을 구매하여 장기적인 수익을 얻을 수 있는 등의 방법이 있습니다.
3. 재산 관리 계획 수립: 철수는 퇴직금과 부동산 투자를 통해 큰 자산을 확보하게 됩니다. 이를 효과적으로 관리하기 위해 자산 운용 방법과 자산의 변동성 대처 방안 등을 함께 고민해본 후, 적절한 자산 운용 방식을 선정합니다.

4. 건강 관리 계획 수립: 철수는 건강한 삶을 유지하기 위해, 적극적으로 건강 관리에 대한 계획을 수립합니다. 예를 들어, 꾸준한 운동과 건강식습관을 유지하고, 건강검진을 정기적으로 받는 등의 방법이 있습니다.
5. 자기계발 계획 수립: 철수는 은퇴를 앞두고, 새로운 자기계발에 대한 관심이 있습니다. 딸의 교육비를 준비하면서도 자신이 원하는 분야의 전문 교육을 받거나, 자기 계발을 위한 강좌를 수강하는 등의 계획을 수립합니다.
6. 봉사활동 계획 수립: 철수는 퇴직 후, 시간이 있어 봉사활동을 하고자 합니다. ChatGPT와 상담하여, 딸과 함께 할 수 있는 봉사활동을 찾아, 이를 실천할 계획을 수립합니다.
7. 여가활동 계획 수립: 철수는 은퇴 후, 새로운 취미나 여가활동에 관심이 있습니다. ChatGPT와 상담하여, 딸과 함께 즐길 수 있는 여가활동을 찾아, 이를 위한 계획을 수립합니다. 예를 들어, 딸과 함께 수영 또는 골프를 즐기거나, 자전거 타기 등이 있습니다.
8. 가족여행 계획 수립: 철수는 딸과 함께 가족여행을 계획하고자 합니다. ChatGPT와 상담하여, 철수와 딸의 관심사에 맞는 여행지와 계획을 수립합니다. 예를 들어, 딸의 수료를 축하하며 제주도를 여행하는 등의 방법이 있습니다.
9. 자녀 교육비 계획 수립: 철수는 딸의 고등학교 수료를 위한 교육비를 준비하기 위한 계획도 수립해야 합니다. ChatGPT와 상담하여, 딸의 대학 입학을 고려하여, 대학 등록금 등을 예상하고, 이를 준비할 수 있는 방법을 함께 고민합니다.
10. 사회공헌 활동 계획 수립: 철수는 은퇴 후, 사회에 기여하기 위한 사회공헌 활동에도 참여하고자 합니다. 자신과 딸의 경험과 관심사에 맞는 사회공헌 활동을 찾아, 이를 위한 계획을 수립합니다.

나의 상황에 맞춰 구체적인 질문을 하며 보완하다 보면 생각지도 못했던 아이디어나, 놓치고 있던 부분까지 시야를 넓혀 생각해볼 수 있을 것이다.

"모든 사람이 행복으로 가는 길은 다릅니다. 그래서 자신에게 맞는 방법을 찾는 게 중요해요. 나에게 기쁨과 성취감을 주는 것이 무엇인지 생각하고, 그것을 위한 시간을 만드는 것이 중요하다는 것을 기억하세요."

- '마흔 이후 어떻게 행복한 삶을 만들어갈 수 있을까?'라는 질문에 대한 ChatGPT의 답변 중에서

책을 마무리하며

ChatGPT를 내 삶에 활용해본다는 것은

질문을 잘하는 사람이 중요해지는 시대, 내가 원하는 것이 무엇인지 구체적인 지도를 생각할 수 있고, 깊이 있는 지식은 없더라도 그 지도를 그리기 위한 도구들이 무엇인지 알고 있는 사람이 발전할 수 있는 시대……. 책을 쓰면서 계속해서 든 생각입니다. 질문만 잘해도, 내가 하고자 하는 방향성만 분명해도 AI의 힘을 빌려 빠르게 답을 얻고 실행에 도움을 받을 수 있기 때문입니다. AI가 인간의 직업을 대체할 거라는 전망도 있지만, 거꾸로 AI의 능력을 잘 활용하는 사람들은 이전에는 상상하지 못했던 기회를 얻을 수 있을 거라는 생각도 듭니다.

이 책을 읽는 독자분들은 새로운 것을 배척하지 않고 배우고 도전해보려는 의지가 있는 분들일 것입니다. 이 책에 나온 활용법 중에서 단 하나라도 꾸준히 적용하고, 실천해 본다면 분명 마흔 이후 나의 삶은 더 풍요로워질 수 있을 겁니다.

변혁의 시대, 인생의 전환점에서 만나게 된 이런 도구들이 삶을 좀 더 멋지게 변화시키는 데 도움이 되기를 바라며, 여러분을 응원합니다.

마지막으로 이 책을 쓰기 위한 아이디어를 주고, 여러 테스트를 함께 해주고, 꼼꼼히 감수를 해준 엔지니어 심재천 님, 언제나 곁에서 응원을 해주는 부모님과 늘 아낌없는 피드백을 해주는 친구 김진명 님, 초고를 보여드렸을 때 흔쾌히 책으로 출간해보자고 제안을 해주고 정성 들여 편집하고 제작해준 참출판사 최창희 대표님과 편집, 제작팀 분들께도 큰 감사를 드립니다.

갇힌 것 같고 기회를 놓쳤다고 느낄 수도 있어

하지만 기억해, 인생은 하나의 큰 춤이 아니라 여정이야

내가 내딛는 모든 발걸음은 새로운 무언가로 이어지지

너는 배우고, 시도하고, 추구하기에 결코 늦지 않았어

네 안에는 발화할 수 있는 스파크가 타올라

너를 새로운 차원으로 끌어올릴 수 있는 열정, 추진력 말이지

그러니 나이가 너를 방해하게 두지 마

희망이 길을 비추게 해

아직 볼 것, 할 것, 말할 것이 너무 많아

_ '마흔 너머의 희망' ChatGPT가 만들어준 곡을 개사한 노래

마흔 이후 인생의 전환점에 만나는 AI

챗GPT 활용 가이드북

1판 1쇄 발행 2023년 4월 28일

저자 최창희(崔昶熙)

펴낸이 최창희(崔彰熙)
펴낸곳 참출판사(주)
03969 서울시 마포구 성미산로3길 67
대표번호 (02)325-4192
팩스 (02)325-1569
이메일 chambooks@chambooks.co.kr
등록 2000년 12월 29일, 제13-1147

ISBN 978-89-87523-41-5 (13000)
값 16.700원